ALJOSCHA LONG
RONALD SCHWEPPE

Die Hütte in der Mitte des Waldes

Vier Einsichten und was wirklich zählt im Leben

Inhalt

Prolog

Der Schatten der Berge schleicht sich ins Tal zurück und lässt die Sonne den Bergwald streicheln. Immer tiefer sinkt das Licht und flutet das Tal.

Die Vögel erwarten den Tag schon lange und beginnen mit dem Morgenkonzert, noch bevor die ersten Strahlen der Sonne den Wald berühren. Auch auf der Wiese, vor dem Waldrand, erklingt die Morgenmusik der Grillen und Heuschrecken. Im Hintergrund summen die ersten Bienen, Wespen, Libellen und Mücken.

Tief aus dem Wald dringen leise, ferne, geheimnisvolle Waldgeräusche; vielleicht das Fallen eines Zapfens, das Rascheln kleiner Tiere im Unterholz, vielleicht sogar das Fallen eines morschen Stammes, der nach jahrelangem Warten endlich dem Drang in die Tiefe nachgibt. Und unter allem leise das Rauschen der Morgenbrise im Geäst, sich streichelnde und reibende Nadeln und Blätter. Jedes Streicheln und Reiben für sich unhörbar, doch die abermillionenfache Unhörbarkeit leiht allen eine Stimme, leise, doch alles durchdringend.

Und nun, aus der Tiefe kommend, immer häufiger das Knacken eines zertretenen Astes. Dieses Geräusch nähert sich dem Waldrand. Und dann tritt aus dem Wald ein Mensch, in zerrissener Kleidung, etwas wirrem Haar und mit stoppeligem Bart. Seine Augen strahlen. Mit einem Lächeln auf den Lippen tritt er aus dem Wald hinaus auf die sonnengetränkte Wiese.

Die Fahrt in die Berge

I*ch muss hier raus*, dachte ich. Am Dienstag hatte ich die Nase gestrichen voll. Meine sogenannten Chefs setzten mir Zielvorgaben für die Umsätze, und ich musste mich mit faulen und unfähigen Angestellten herumärgern. Als jüngster CEO der Firma nahmen mich die älteren Abteilungsleiter nicht ernst. Sie nervten mich damit, meine Anordnungen zu hinterfragen. Dabei gehörten die längst ins Altenheim. Und waren zweifellos neidisch. Wer hatte schon seinen eigenen Parkplatz direkt vor dem Büro? Wer konnte seinen Porsche Cayenne darauf parken? Ich, und nicht sie.

Ich war 32 und erfolgreich. Die Karriereleiter war ich schnell und problemlos hinaufgestiegen. Vielleicht wäre ich bald das jüngste Vorstandsmitglied – und stand jetzt kurz davor zu explodieren. Gleich am Morgen hatte ich Jenny, meine Sekretärin, angebrüllt. Statt ihren Job zu machen, fing sie an zu weinen, woraufhin ich erst recht wütend wurde. Obwohl

ich ihr am liebsten den Hals umgedreht hätte – verdient hätte sie es –, stürmte ich aus dem Büro ins nächste Starbucks.
Ich hatte meinen zweiten Cappuccino gerade ausgetrunken, als sich plötzlich eine bleierne Schwere auf meinen Brustkorb legte. Was war das? Hatte ich vielleicht einen kleinen Herzinfarkt? So was sollte es ja angeblich bei jungen, erfolgreichen Managern öfter mal geben. Das hätte mir noch gefehlt. Ich fühlte meinen Puls. 92. War das genug für einen Herzinfarkt? Ich sah in meinem iPhone schnell bei Wikipedia nach. Starke Schmerzen? Fehlanzeige. Ängstlich? Nein. Schweißausbrüche? Auch nicht gerade. Gut, wenigstens das blieb mir erspart. Vorerst. Ich hatte wieder das Gefühl, ein Luftballon zu sein, in den jemand unbedingt noch einen weiteren Liter Luft blasen will. Wenn alles so weiterging wie bisher, würde mich der Stress irgendwann doch noch einmal unter die Erde bringen. »Karoshi« nennen die Japaner das. Tod durch Überarbeiten.
Verflixt, diese Gedanken brachten mich auch nicht weiter. Ich konnte ja nicht einfach meinen Job hinschmeißen und mich auf einer Jacht in der Karibik sonnen. So gut war mein Gehalt dann auch wieder nicht. Noch nicht!
Okay – ich war gestresst. Aber ändern konnte ich das sowieso nicht. Vielleicht brauchte ich ja nur eine kurze Atempause. Wie spät? 10 Uhr. Ich rief Jenny an und cancelte alle Termine für heute. Ich hätte auswärts zu tun. Das stimmte sogar; auch wenn ich eigentlich erst übermorgen in London sein musste.
Spontan beschloss ich, in die Berge zu fahren. Von München aus war das nur eine Stunde, wenn die Autobahn frei war. Einfach mal ein bisschen

frische Luft tanken. Vielleicht in einem netten Café an einem Waldsee einen Cappuccino schlürfen ...

Ich stieg in meinen Porsche, wählte Glenn Goulds »Goldberg-Variationen« als Inspirationsmusik und brauste los. Fünfzehn Minuten später war ich schon auf der Autobahn München-Salzburg. Über mir der klare, blaue Sommerhimmel, in der Ferne das Alpenpanorama. Genau der richtige Tag für eine kleine Pause. Dachte ich.

Ich wusste nicht genau, wohin ich eigentlich wollte. Klar, irgendwo in die Berge. Aber wohin genau? Kitzbühel? Eineinhalb Stunden. Nein, da war ich schon zu oft gewesen. Am nächsten Rastplatz hielt ich an, um auf dem Navi zu suchen. Ein Fensterchen mit dem hilfreichen Hinweis: »Fatal Error« erschien auf dem Touchscreen.

Nur gut, dass das Gerät fest eingebaut war. Sonst hätte ich es wohl einfach herausgerissen und aus dem Fenster geworfen. Ich tobte eine Weile hinter dem Lenkrad, und erst als ein älterer Herr besorgt an die Fensterscheibe klopfte und fragte, ob er mir helfen könne, gelang es mir, mich ein wenig zu beruhigen. Ich machte eine OK-Geste und hörte damit auf, meinen Kopf gegen das Lenkrad zu schlagen.

Verflixt. Meine Nerven waren offenbar wirklich ganz schön dünn. Dass ich gleich so ausflippen musste. Und dabei vergessen hatte, dass ich mein iPhone ja genauso gut als Navi verwenden konnte. Apropos iPhone: Erstaunlich, dass mich nun schon eine halbe Stunde lang niemand mehr angerufen oder angemailt hatte.

So erstaunlich andererseits auch wieder nicht, wie ich bald feststellen musste. Denn das Handy war weder in meiner Jackentasche noch im Handschuhfach. *Das wäre jetzt eine gute Gelegenheit, noch mal so richtig auszurasten,* dachte ich. Stattdessen lachte ich hysterisch, als mir einfiel, dass ich das Ding im Starbucks hatte liegen lassen.
Ich musste sofort zurück.
Also wieder in die Gegenrichtung? Nein! Auf keinen Fall! Jetzt meldete sich mein Starrsinn. Ich hatte mir vorgenommen, in die Berge zu fahren. Vielleicht gehörten das verflixte Navi und das vergessene Handy ja zu einer richtigen Auszeit dazu? Vielleicht war das alles ein Zeichen. Ohne mein Smartphone fühlte ich mich, als hätte man mir einen Teil meines Gehirns herausgeschnitten – doch seltsamerweise war ich auch erleichtert. Vielleicht war genau der richtige Teil herausgeschnitten worden. Ich würde mich von meinem Vorhaben jedenfalls nicht abbringen lassen.
Ich fuhr weiter. Ohne Smartphone, ohne Plan, ohne Navi, den Bergen entgegen.

Der Blick auf den Chiemsee und die Alpen im Hintergrund ließen mich fast glauben, dass ich in ein Bilderbuch geraten sei – 3D und bewegt. Die Landschaft schien an mir vorbeizugleiten, während ich in meinem Auto wie in einem Kinosessel saß. Alles um mich herum war in Bewegung: ein kreisender Vogel, ein Wölkchen, das am Himmel trieb, Blätter, die im Wind tanzten – und in der Ferne winzige Kühe auf einer saftigen Weide ...
Ein perfekt gedrehter Film.

Ich riss das Lenkrad gerade noch rechtzeitig herum, um nicht im Graben zu landen. War ich kurz eingenickt? Für einen Moment war mir die Welt tatsächlich wie ein Zeichentrickfilm erschienen. Ich packte das Lenkrad fester und konzentrierte mich auf die Straße.

Vielleicht sollte ich endlich runter von der Autobahn. Ein wenig das Landleben bewundern, anstatt hier wie in Trance weiterzurasen. Dann würde ich wenigstens nicht mit Tempo 240 im Straßengraben landen. Oder gar in Salzburg.

Bei Siegsdorf fuhr ich ab. Der nächste Wegweiser zeigte nach Ruhpolding. Spontan bog ich nach links ab.

Am Anfang meines Studiums hatte ich noch viel Musik gemacht. Mit meinem Studienfreund Jörg; der kam, soweit ich mich erinnerte, aus Ruhpolding. Nächtelang hatte ich mit ihm am Computer und Keyboard gesessen. Wir hatten kannenweise Kaffee in uns reingeschüttet und Songs ausgetüftelt. Wir waren gar nicht so übel. Sogar einen Plattenvertrag hätten wir bekommen. Vielleicht wären wir Stars geworden. Doch noch vor meinen Abschlussprüfungen kam dann das Angebot von Becker & Klaus, mit einem Einstiegsgehalt, das ich einfach nicht ablehnen konnte. Und von da an war die Firma mein Leben. Es war wirklich an der Zeit, dass ich einmal ein paar Stunden ohne die Arbeit im Kopf verbrachte.

Inzwischen war ich schon durch Ruhpolding hindurch und es ging weiter in die Berge hinein. Ich fühlte mich wie ein Abenteurer auf Entdeckungsreise. Ohne Navi, ohne Straßenkarte, ohne Smartphone und ganz auf mich allein gestellt – das fühlte sich überraschend gut an.

Ich ging ein wenig vom Gas und öffnete Fenster und Schiebedach. Puuh. Beinahe wurde mir übel vom Geruch der jauchegedüngten Felder. Ich verkniff es mir, die Fenster hochzufahren. Das hätte jetzt ohnehin nichts mehr gebracht. Vielleicht gewöhnte ich mich ja noch an den Landduft. Eigentlich roch es gar nicht so furchtbar schlimm. Der Landgeruch gehörte eben zum Abenteuer dazu.

Es war kurz nach elf. Ich hatte keinen Schimmer mehr, wo ich eigentlich war, keine Ahnung, wo es hingehen sollte, und fühlte mich sauwohl. Der mp3-Player spielte Griegs »Peer Gynt«. Die warme Luft, fast ohne Jauchegeruch, wehte mir um die Ohren, das Bergpanorama, die Wälder und der Duft von wilden Blumenwiesen ließen mein Herz kraftvoller schlagen. Jetzt spürte ich, dass mir schon lange etwas gefehlt hatte – ich, der Stadtmensch, vermisste offenbar die Natur. Ich hätte schon längst einmal eine kleine Pause gebraucht. Es war wirklich eine gute Idee gewesen, heute in die Berge zu fahren.

Und in die Berge fuhr ich. Ich hatte gar nicht darauf geachtet, wo ich abbog, und war mehr denn je unterwegs in einem unbekannten Land. Die Straße stieg immer steiler an und wand sich in engen Serpentinen. Ich beschloss, im nächsten Café anzuhalten; selbst, wenn es nur ein Bauerncafé mit Schlagsahne auf dem Cappuccino war. Gerne auch ohne Bergsee. Ich meinte mich zu erinnern, vor der letzten Abzweigung ein Hinweisschild »Alm-Café« oder so ähnlich gesehen zu haben. Allmählich bekam ich wirklich Hunger. Die Landluft. Vielleicht auch das Frühstück, das ich nicht gegessen hatte.

Zu dumm, dass das Navi nicht funktionierte. Doch ich konnte mich gar nicht mehr so aufregen wie zuvor. Dafür ging es mir zu gut. Die Bergluft wehte mir frischen Wind ins Gehirn. Die Abenteuerlust pumpte mir eine angenehme Dosis Adrenalin ins Blut, die Landschaft schien immer bunter zu werden und die Sonne wärmte mich durch das offene Schiebedach. Als die Straße in ein Wäldchen eintauchte, wurde es schlagartig kühler. Doch auch diese Kühle genoss ich, zusammen mit dem erdigen Duft des Waldes. Vielleicht sollte ich einen kleinen Waldspaziergang machen. Der Wald öffnete sich auf eine Lichtung mit einer derart farbenprächtigen Blumenwiese, dass mir der Atem stockte. Unwillkürlich ging ich vom Gas und fuhr nur noch im Schritttempo. Jetzt hörte ich auch deutlich das Zirpen von Heuschrecken und das Summen der Insekten auf einer Sommerwiese.

Ein Café war hier zwar nicht, doch es war ein wunderschöner Ort zum Ausruhen. Vielleicht sollte ich einfach mal anhalten und mich, nur so aus Abenteuerlust, in die Wiese legen. Essen könnte ich ja später.

In diesem Moment stotterte der Motor, und der Porsche gab seinen Geist auf. *Habe ich Idiot vergessen zu tanken? Nein, das kann eigentlich nicht sein. Lässt mich die teure Karre etwa gerade jetzt im Stich? Keine Ahnung, ich bin doch kein Automechaniker …*

Die Abkürzung

Es dauerte einen Moment, bis mir meine Lage klar wurde. Da stand ich nun mitten im Nirgendwo – ohne Handy, ohne Navi, ohne Menschen. Gestrandet wie Robinson. Ich schüttelte fassungslos den Kopf. Das Gefühl, neben mir zu stehen, wurde immer stärker. Das durfte doch wohl nicht wahr sein! Dieser Tag war wie verhext. Immerhin wirkte die Bergluft offenbar beruhigend. Ich ärgerte mich jedenfalls nicht besonders. Was soll's, dachte ich. Ich wollte ja ohnehin hier eine Pause machen, und jetzt wurde die Pause eben ein wenig länger. Gehörte alles zum Abenteuer.

Dann fiel mir wieder das Hinweisschild ein, das ich an der letzten Abzweigung gesehen zu haben glaubte: »Alm-Café«. War das fünf Kilometer her? Oder drei? Und war ich überhaupt in die Richtung gefahren?

Ich dachte alles noch einmal durch. Ich war mir ziemlich sicher, dass ich dem Schild gefolgt und dann vielleicht noch zwei Kilometer weiter gefahren war. Wenn ich mal pessimistisch war und das Schild fünf Kilometer angezeigt hatte, hieße das, dass jetzt maximal drei übrig wären. Wenn ich stramm marschierte, konnte ich das in einer halben Stunde schaffen. Und vielleicht stieß ich vorher ja sogar noch auf eine Tankstelle mit einem Mechaniker.

Ich ließ den Wagen am Straßenrand stehen, sperrte zu und machte mich auf den Weg. Schon nach ein paar Schritten wurde es unangenehm warm. Ich hätte mich natürlich auch erst einmal auf die Wiese legen können. Das hatte ich doch ursprünglich vorgehabt.

Nein!, rief das Gewissen oder irgend so eine andere lästige Stimme in mir. *Faulenzen kannst du nach der Arbeit!*

Ich musste der Stimme folgen, ich konnte nicht anders, obwohl ich es eigentlich gar nicht wollte. Komisch, dass mein Gewissen genau wie mein Vater klang. »Nur wer etwas leistet, hat sich sein Brot verdient.« Nur wenn ich jetzt erst einmal das Café oder eine Tankstelle finden würde und weiterfahren könnte, hätte ich es mir verdient, nicht weiterzufahren – es war absurd.

Nun, andererseits zwang mich niemand, in dieser Hitze die Straße entlangzutraben. Wenn ich über die Wiese und durch den Wald dahinter ging, müsste ich eigentlich wieder auf die Straße stoßen. Im Wald war es bestimmt angenehmer, und die Abkürzung wäre enorm.

Und so stapfte ich durch die Wiese. Es wimmelte vor Insekten. Hoffentlich krochen die mir nicht in die Hose. Ich schritt etwas schneller voran, dem Waldrand entgegen. Der Wald empfing mich mit einer kühlen Brise. Und es wimmelte auch nicht mehr so zu meinen Füßen. Es gab kein Dorngestrüpp, das mich aufhielt. Kein dichtes Unterholz, keine umgestürzten Bäume, keine Brennnesseln – das schien ein ziemlich zahmer Wald zu sein. Ich orientierte mich noch einmal und warf einen Blick zurück auf die sonnengetränkte, wilde, bunte Wiese. Eigentlich ein paradiesischer Ort. Mein Wagen stand mitten im Paradies. Und ich ging in den dunklen Wald.

Andererseits war der Wald eigentlich überhaupt nicht dunkel. Und er war auch nicht das Gegenteil vom Paradies. Vielmehr war die angenehme Kühle genau das, was mir jetzt guttat.

Nun nur ein Stücken die sanfte Böschung hoch, dann müsste eigentlich wieder die Straße kommen. Und vermutlich konnte ich dann noch eine weitere Abkürzung nehmen. Ich atmete tief ein. Das war hier ja der reinste Luftkurort ...

Aus dem Augenwinkel sah ich eine Bewegung. Ob es hier wohl wilde Tiere gab? Bären vielleicht sogar? Vor Jahren hatte ich mal etwas von einem streunenden Bären gehört, der dann erschossen werden musste. Bloß nicht! Gegen einen Bären hätte ich keine Chance. Aber sicher war es nur ein Reh. Oder eine optische Täuschung?

Eine gebeugte Gestalt in einem braunen Umhang erschien zwischen den Bäumen. Als Kind hatte ich mal »Das steinerne Herz« gelesen – ein gruseliges Märchen, in dem schaurige Waldgeister vorkamen. Einen Augenblick lang war mir, als wäre ich auf geheimnisvolle Weise in diese Märchenwelt geraten. Der märchenhafte Augenblick währte jedoch nur kurz, denn plötzlich blitzte ein Messer in der Hand der Gestalt auf.

»Hallo«, sagte der Pilzmann.

Ich fühlte mich wie ein überdrehter Vollidiot – wie konnte ich nur einen harmlosen Spinner für ein bedrohliches Monster halten? Ich hatte zwar noch nie verstanden, warum Leute stundenlang im Wald herumkrochen, nur um ein paar Pilze aufzuspüren, die es in jedem Feinkostgeschäft gab; und zwar ohne Schnecken, Würmer, Maden und Rehkacke. Und ohne Gift. Aber Monster waren sie deshalb ja nicht gerade. Vielleicht war ich schon etwas dehydriert und mein Gehirn funktionierte nicht mehr einwandfrei ... Höchste Zeit, dass ich die Tankstelle oder das Café fand. Ich riss mich zusammen und hoffte beschämt, dass mir der Mann meinen Schreck nicht angesehen hatte.

»Guten Morgen«, sagte ich locker. Zumindest sollte es locker klingen. »Wie laufen die Geschäfte?«

Der Pilzmann sah mich fragend an.

»Ich meine: Haben Sie schon viel gefunden?«

Er lächelte mich an und hielt mir stolz seinen Korb unter die Nase. Mich gruselte es schon beim ersten Hinsehen. Der Korb war bereits halb voll; Pilze in den unterschiedlichsten Farben und Formen – aber jeder einzelne, soweit ich sehen konnte, mit Schnecken- und Wurmspuren. Und an allen hafteten Dreck und Tannennadeln.

»Toll«, sagte ich. »Sind Sie auch sicher, dass man die alle essen kann?«

Er sah mich amüsiert an. »Sie sind wohl nicht viel im Wald, oder?«

»Nein«, räumte ich ein. »Zu wenig Zeit. Und ehrlich gesagt, ich wüsste auch nicht, warum. Die frische Luft ist ja ganz schön, aber mit Pilzen kenne ich mich sowieso nicht aus, und viel los ist hier auch nicht gerade.«

Der Pilzmann lachte.

»Da täuschen Sie sich aber gewaltig!«, sagte er. »Im Wald ist mehr los als in der Stadt.«

Anscheinend tickte er nicht ganz richtig. Aber er hatte ja ein Messer in der Hand, also war ich vorsichtig und murmelte nur: »Ach ja?«
Er legte das Messer in seinen Korb und machte eine ausholende Geste. »Ja, alles im Wald lebt – der ganze Wald ist in gewisser Weise ein Lebewesen.«
Mein Verdacht, dass der Mann nicht alle Tassen im Schrank hatte, verstärkte sich immer mehr. Doch als ich ihn skeptisch ansah, schien mir, dass seine leuchtenden Augen nicht Wahnsinn, sondern Begeisterung ausstrahlten. Er wurde mir langsam sympathisch. Und je länger ich so darüber nachdachte, desto mehr erkannte ich, dass er schon irgendwie recht hatte. Immerhin standen ja überall Bäume herum; und wenn man Bäume als Lebewesen und nicht, wie ein vernünftiger Mensch, als nachwachsenden Rohstoff betrachtete ... Jedenfalls hatte er mich ein wenig neugierig gemacht.
»Sie müssen nur die Augen aufmachen«, fuhr er fort. »Dann sehen Sie es. Und wenn Sie nicht nur mit den Augen, sondern auch mit dem Herzen sehen, werden Sie aus dem Staunen nicht mehr herauskommen!«
Mit dem Herzen sehen? Nun, ich las zwar nicht gern, außer die Wirtschaftsnachrichten, doch den Spruch kannte sogar ich. Eine Freundin hatte mir vor Kurzem eine Kitschkarte geschenkt, auf der stand: »Man sieht nur mit dem Herzen gut, das Wesentliche ist für die Augen unsichtbar.« Mir kam der Spruch sehr esoterisch und ein wenig schwülstig vor. Was sollte das denn heißen, »mit dem Herzen sehen«?
Als mir das durch den Kopf ging, merkte ich, dass mir der Satz merkwürdigerweise auf einmal, hier im Wald, gar nicht mehr so furchtbar schwülstig vorkam. Zwar konnte ich mir immer noch nichts Rechtes unter »mit

dem Herzen sehen« vorstellen, hatte aber plötzlich so eine Ahnung, dass es doch irgendeine tiefere Bedeutung haben könnte.

»Was sehe ich denn, wenn ich mit dem Herzen sehe?«, fragte ich den Pilzmann. Ich war neugierig, was er darauf antworten würde. Doch er antwortete erst einmal gar nicht, sondern lachte nur. Lachte er mich etwa aus?

Als hätte er meine Gedanken gelesen, sagte er: »Glauben Sie bitte nicht, dass ich Sie auslache. Ich finde es nur lustig, wie blind Menschen aus der Stadt für das Wunder des Waldes sein können.«

Was sollte das denn nun wieder heißen: Das Wunder des Waldes? Okay, es war ganz schön im Wald, und vielleicht übersah ich Stadtmensch ja tatsächlich ein paar Dinge. Aber Wunder? Letztendlich wuchsen hier eben Bäume, es gab ein paar mehr Vögel als in der Stadt und man konnte Pilze sammeln, statt sie im Laden zu kaufen. Ein Wunder war das nicht gerade. Und die Ameisen, die überall herumwuselten, hätte ich auch eher in die Kategorie »lästig« als in die der Wunder eingeordnet.

In meinen Augen stand wohl ein großes Fragezeichen, denn der Pilzmann fuhr fort: »Sie sehen wahrscheinlich nur einzelne Bäume – und vielleicht ein paar Ameisen.« Er zwinkerte mir freundlich zu.

Es war schon etwas unheimlich, wie er meine Gedanken zu lesen schien.

»Bestimmt haben Sie schon mal die Redewendung ›den Wald vor lauter Bäumen nicht sehen‹ gehört.«

»Ja, schon – das soll wohl heißen, dass man sich manchmal zu sehr auf Einzelheiten konzentriert und dabei das Ganze aus den Augen verliert ...«

Der Pilzmann sah mich erwartungsvoll an.

Für einen Augenblick blitzte in meinem Kopf eine Idee auf – wie ein Blitz, der die Welt für einen Sekundenbruchteil in dunkelster Nacht erhellt, um gleich danach alles wieder in Dunkelheit zurückzulassen. Für einen kurzen Augenblick verstand ich glasklar, was der Pilzmann meinte – doch das Gefühl verschwand so schnell, wie es gekommen war.

Der Eindruck, dass ich für einen kurzen Moment etwas Großes und Wichtiges erkannt und dann wieder verloren hatte, machte mich traurig. Ich versuchte, mich mit aller Kraft zu erinnern, doch ich konnte den Gedankenblitz nicht dem Dunkel des Vergessens entreißen.

»Vielleicht haben Sie ja recht. Ich übersehe etwas. Aber was? Helfen Sie mir ein wenig«, bat ich ihn. Und in diesem Augenblick hatte ich eine neue plötzliche Einsicht. Ich merkte, dass ich den ganzen Stress, der mich an diesen Ort gebracht hatte, beinahe völlig vergessen hatte.

Der Pilzmann musterte mich in aller Ruhe und sagte eine Weile gar nichts. Dann erschien ein breites Lächeln auf seinem Gesicht, so als ob ein Sonnenstrahl durch eine Lücke zwischen den Wolken eines bedeckten Himmels bräche. »Wissen Sie, ich glaube, Sie beginnen bereits, zu verstehen.«

Ich verstand nicht, was er meinte, und sah ihn fragend an.

»Ich habe den Eindruck, dass Sie gerade etwas Wesentliches erkannt haben.«

Ich nickte staunend. Alle Achtung. Der Mann beobachtete gut.

»Vielleicht wissen Sie schon nicht mehr, was Ihnen da genau durch den Kopf geschossen ist«, fuhr er fort. »Aber an dem Aufblitzen in Ihren Augen habe ich gesehen, dass Sie zumindest für einen Moment in das Wunder des Waldes eingetaucht sind …«

Das klang ermutigend. Doch was dieses geheimnisvolle Wunder des Waldes betraf, so tappte ich immer noch im Dunklen.

»Was Sie vom Wald sehen, ist nur die Oberfläche. Darunter ist das, was den Wald eigentlich leben lässt.«

Mir begann der Kopf zu schwirren. Der Pilzmann fuhr fort: »Sehen Sie, jeder Baum, jeder Strauch, jedes Blatt ist mit dem anderen verbunden. Unter unseren Füßen erstreckt sich ein riesiges Netzwerk aus Wurzeln und Pilzfäden. Die Bäume kommunizieren miteinander, warnen einander vor Gefahren, teilen Nährstoffe. Der ganze Wald ist wie eine große Familie.«

Unwillkürlich musste ich an meine Firma denken. War das nicht genau das Gegenteil von dem, was ich dort erlebte? Jeder gegen jeden, Ellbogen ausfahren, nach unten treten ...

»Klingt fast zu schön, um wahr zu sein«, entgegnete ich skeptisch.

Der Pilzmann lächelte nachsichtig. »Es ist nicht alles Friede, Freude, Eierkuchen. Auch hier gibt es Konkurrenz und Überlebenskampf. Aber es herrscht dennoch ein Gleichgewicht, eine natürliche Ordnung.«

Ich spürte, wie sich meine Anspannung langsam löste. Die Worte des seltsamen Mannes hatten etwas Beruhigendes an sich. Vielleicht lag es auch einfach an der frischen Waldluft und der Stille, die nur vom gelegentlichen Vogelgezwitscher unterbrochen wurde.

»Wissen Sie zufällig, wie weit es bis zum nächsten Café oder einer Tankstelle ist?«, fragte ich schließlich.

Der Pilzmann kratzte sich am Kinn. »Nun, wenn Sie dem Pfad dort folgen«, er deutete auf einen schmalen Trampelpfad, den ich zuvor gar nicht bemerkt hatte, »kommen Sie nach etwa einer halben Stunde zu einer kleinen Lichtung. Von dort aus ist es nicht mehr weit bis zur Straße, und dort gibt es tatsächlich ein Café.«

Ich bedankte mich und wollte mich schon auf den Weg machen, als der Mann mich zurückhielt.

»Warten Sie«, sagte er und kramte in seinem Korb. »Nehmen Sie das mit.« Er drückte mir einen rotbraunen Pilz in die Hand. »Ein Steinpilz. Der schönste, den ich heute gefunden habe. Braten Sie ihn daheim kurz in Butter an. Sie werden sehen, der Wald hält kostbare Schätze für uns bereit.«

Etwas perplex nahm ich den Pilz entgegen, der erstaunlicherweise ganz frei von Dreck war, und blickte um mich. Der Wald kam mir nun ganz anders vor. Ich hatte das Gefühl, einem Geheimnis auf der Spur zu sein. Ich vergaß mich selbst und meine Sorgen, blickte um mich, staunte und sah meine Umgebung mit neuen Augen.

Plötzlich fiel mir diese besondere Stille auf – nicht, dass es wirklich still war; der Wald lebte und atmete. Ich stand eine Weile regungslos da und genoss diese Ruhe. Erst da wurde mir klar, dass sich der Pilzmann verabschiedet hatte und gegangen war. Ich sah ihn noch in der Ferne; er drehte sich um und winkte mir zum Abschied zu. Ich wagte nicht, ihm nachzurufen und den ruhigen Klang des Waldes zu stören, und so winkte ich nur zurück. Erst als er ganz verschwunden war, fiel mir ein, dass ich nicht einmal seinen Namen erfahren hatte.

Während ich dem Pfad folgte, dachte ich über die seltsame Begegnung nach. Vielleicht hatte dieser Tag doch noch etwas Gutes ...

Staunend schritt ich durch den Wald, der mir mittlerweile wie ein magisches Land voller Wunder erschien. Die Worte des Pilzmannes hallten noch in meinen Ohren nach. Der ganze Wald ein Lebewesen? Je länger ich darüber nachdachte, desto weniger abwegig erschien mir der Gedanke.

Die Bäume ragten majestätisch in den Himmel, ihre Kronen ein dichtes Dach aus Grün, durch das vereinzelt Sonnenstrahlen drangen und den Waldboden in ein fleckiges Muster aus Licht und Schatten tauchten. Mit jedem Schritt knackten Zweige unter meinen Füßen, und das weiche Moos federte meinen Gang ab. Der Geruch von feuchter Erde und Kiefernnadeln erfüllte die Luft.

Während ich so dahinwanderte, begannen auch meine Gedanken zu wandern. Wie war ich eigentlich an diesen Punkt in meinem Leben gekommen? CEO mit 32. Ein Leben voller Stress und Hektik, ständig auf der Jagd nach dem nächsten Erfolg – nach Gewinnmaximierung. War das wirklich das, was ich wollte?

Ein Eichhörnchen huschte über meinen Weg, blieb kurz stehen und beäugte mich neugierig, bevor es flink einen Baumstamm hinaufkletterte. Ich blieb stehen und beobachtete es. Wie einfach sein Leben doch war – Nüsse sammeln, einen sicheren Platz zum Schlafen finden, den Winter überleben. Keine Meetings, keine Quartalszahlen, keine feindlichen Übernahmen.

Ich setzte meinen Weg fort, nun tiefer in den Wald hinein. Die Bäume standen hier dichter, und das Licht wurde spärlicher. Irgendwo in der Ferne hörte ich einen Specht hämmern, rhythmisch und beharrlich. Wie ein Metronom, das den Takt meiner Gedanken vorgab.

Mein Blick fiel auf einen umgestürzten Baumstamm am Wegesrand. Beim Näherkommen stellte ich fest, dass der Stamm überwuchert war mit Moos und Pilzen. Aus seinen Überresten spross bereits neues Leben. War das nicht ein perfektes Bild für den Kreislauf des Lebens? Etwas endet, etwas Neues beginnt.

Vielleicht war es an der Zeit, dass auch in meinem Leben etwas Neues begann. Aber was? Ich konnte ja schlecht meinen Job kündigen und als Einsiedler in den Wald ziehen. Andererseits ... der Gedanke hatte durchaus einen gewissen Reiz. Bei der Vorstellung, wie ich mit langem Bart und in Lumpen gekleidet durch den Wald streifte und Beeren sammelte, musste ich unwillkürlich lachen.

Nein, ganz so drastisch musste es nicht sein. Aber vielleicht sollte ich wirklich damit beginnen, meine Prioritäten zu überdenken. Wann hatte ich das letzte Mal etwas nur zum Spaß gemacht? Wann hatte ich das letzte Mal ein Buch gelesen, das nichts mit Wirtschaft zu tun hatte? Wann war ich das letzte Mal einfach nur spazieren gegangen, ohne dabei zu telefonieren oder Mails zu checken?

Ein leichter Wind kam auf und ließ die Blätter über mir rascheln. Es klang fast wie ein Flüstern, als wollte der Wald mir etwas zurufen. Ich blieb stehen und lauschte. Natürlich hörte ich keine Worte, und doch hatte ich das Gefühl, als würde mir der Wald etwas mitteilen wollen. Albern, dachte ich sofort.

Aber vielleicht war es tatsächlich genau das, was mir fehlte – eine Art Verbundenheit mit der Natur, mit etwas Größerem als mir selbst. In meinem Alltag war alles so sehr auf mich fokussiert, auf meine Ziele, meine Erfolge, meine Karriereaussichten. Hier im Wald fühlte ich mich plötzlich klein, aber nicht auf eine bedrohliche Art und Weise. Es war eher ein Gefühl der Demut, der Ehrfurcht vor der Schönheit und der Komplexität der Natur.

Ich staunte zwar über meine plötzliche Sentimentalität, setzte meinen Weg jedoch mit offeneren Augen und Ohren fort. Ein Vogel zwitscherte in der Nähe, und ich versuchte, ihn zu erspähen. Nach einigem Suchen entdeckte ich ihn auf einem niedrigen Ast – ein Rotkehlchen, das mich mit schief gelegtem Kopf neugierig beobachtete. Ich blieb bewegungslos stehen und sah es lange an. Für einen Moment schien die Zeit stillzustehen – als würden der Vogel und ich eine stille Unterhaltung führen.

Plötzlich flog er davon, und ich trabte weiter. Meine Gedanken wanderten wieder zu meinem Leben, zu den Entscheidungen, die mich hierhergebracht hatten. War wirklich alles so falsch gewesen? Nein, das konnte ich nicht sagen. Ich hatte viel erreicht, hatte ein komfortables Leben. Und doch ...

Ich dachte an meinen Studienfreund Jörg, mit dem ich damals Musik gemacht hatte. Was wohl aus ihm geworden war? Hatte er seinen Traum von der Musikkarriere inzwischen verwirklicht? Oder war auch er im Hamsterrad des Berufslebens gelandet? Ich nahm mir vor, seine E-Mail-Adresse herauszufinden und ihn zu kontaktieren, sobald ich wieder zurück war. Vielleicht könnten wir uns treffen, in Erinnerungen schwelgen und wer weiß: vielleicht ja sogar wieder ein bisschen Musik machen.

Der Gedanke entlockte mir ein Lächeln. Ja, das war eine gute Idee. Vielleicht war es genau das, was ich brauchte – wieder Verbindung zu meinem früheren Ich aufzunehmen, zu den Träumen und Hoffnungen, die ich einmal hatte.

Plötzlich öffnete sich der Wald unerwartet und ich trat auf eine kleine Lichtung. Ich setzte mich ins Gras, lehnte mich seufzend zurück und schloss die Augen. Die Sonne wärmte mein Gesicht, und ich spürte, wie sich meine Muskeln entspannten. Als ich die Augen wieder öffnete, bemerkte ich einen Schmetterling, der von Blume zu Blume flatterte. Seine zarten Flügel schimmerten im gleißenden Sonnenlicht, und ich beobachtete fasziniert seine anmutigen Bewegungen. War das nicht auch eine Art von Erfolg? Einfach zu sein, das zu tun, wofür man geschaffen wurde?

Ich stand auf, klopfte mir das Gras von der Hose und sah mich um. Wo war nun der Weg? Ich war mir nicht mehr sicher, aus welcher Richtung ich gekommen war. Aber ich würde schon einen Weg finden – aus dem Wald und in meinem Leben. Wohin ich gehen sollte, wusste ich nicht. Aber ich war bereit, es herauszufinden.

Genug herumgesponnen, dachte ich mir. Ich musste mich endlich auf mein wirkliches Problem konzentrieren – darauf, ob ich überhaupt auf dem richtigen Weg war. Das war hier doch sicher die Lichtung, von der der Pilzmann gesprochen hatte. »Von dort aus ist es nicht mehr weit bis zur Straße«, hatte er gesagt. Dort oben, die Böschung hoch, dort war wahrscheinlich die Straße. Ja – da musste sie sein.

Die Böschung war steil, aber das war zu schaffen. Ganz oben war eine Felskante – das musste der Straßenrand sein. Bestimmt war dort auch dieses Almcafé. Oder noch besser, eine Tankstelle. Gleich würde ich oben sein, und dann würde ich schon weitersehen.

Und dann sah ich weiter. Weiter, als mir lieb war. Was ich sah, war kein Café. Was ich sah, war keine Tankstelle. Und was ich am allerdeutlichsten sah, war, dass es hier weit und breit keine Straße gab. Aber immerhin: Dafür hatte ich einen hervorragenden Überblick auf die Umgebung.

Ich blickte um mich, nickte und sagte leise: »Okay.«

Verloren im Wald

In welche Richtung ich auch blickte: Bäume, Berge, blauer Himmel. Ich hatte etwas anderes erwartet. Wo waren die Zeichen der Zivilisation? Müsste ich nicht zumindest in der Ferne den Chiemsee erkennen können? Oder irgendwo eine Kirchturmspitze? Ich versuchte, mich zu orientieren, doch je länger ich ungläubig in die Landschaft starrte, desto fremder erschien sie mir und desto verwirrter wurde ich. War das so eine Art optische Täuschung? So musste es sein. Die fernen Hügel erzeugten die Illusion, dass sich der Wald endlos erstreckte. Die Alpen schienen höher und majestätischer, als ich sie jemals gesehen hatte, und hatten etwas Beängstigendes. Ein unheimliches Gefühl beschlich mich, denn das alles wirkte, als ob ich weitab jeder Zivilisation wäre.

Ich zwang mich zur Ruhe und konzentrierte mich auf die Details meiner Umgebung. Mein Blick wanderte über die Baumkronen. Fichten, Tannen und andere Nadelbäume. Aber auch viele Laubbäume. Und nicht einen davon hätte ich benennen können. Ich begann mich ein wenig für meine Unwissenheit zu schämen, wo ich mich doch immer für so schlau gehalten hatte ...

Zwischen den Stämmen wuchsen Farne und Moose in verschiedenen Grüntönen. Ein Raubvogel kreiste hoch oben am Himmel. Ich atmete tief durch und spürte, wie die frische Bergluft meine Lungen füllte. Wann hatte ich jemals so frische Luft geatmet? Ich glaube, nie. Und wie oft hatte ich mir die Zeit genommen, einfach nur die Natur wahrzunehmen? Etwa ebenso lang.

Nach einer Weile kam ich wieder auf den Boden der Tatsachen zurück. Ich spürte meine innerliche Unruhe. Frische Luft im Wald, Natur – ja, alles schön und gut. Aber ich musste jetzt endlich einen Weg zurück finden – zurück zu meinem Auto, zurück in die Zivilisation, zurück in mein gewohntes Leben. Als ich versuchte, meine Route nachzuvollziehen, wurde mir klar, dass das unmöglich war.

Wohin ich auch blickte: Die Landschaft sah in jeder Richtung gleich aus. Es gab keinen erkennbaren Pfad. Mit einem Anflug von Panik wurde mir bewusst, dass ich die Orientierung verloren hatte. Komplett. Und dann tauchte ganz unvermittelt noch ein anderer Gedanke auf: Nicht nur hier in der Wildnis, sondern auch in meinem Leben hatte ich den Weg verloren zwischen all den Erfolgen und Zielen, die ich verfolgt hatte.

Frustriert setzte ich mich auf einen umgestürzten Baumstamm und versuchte, meine Gedanken zu ordnen. Während ich so dasaß, bemerkte ich plötzlich die vielen kleinen Lebewesen um mich herum. Ameisen marschierten in einer ordentlichen Reihe über den Waldboden. Eine Spinne webte geduldig ihr Netz zwischen zwei Zweigen. Ein Schmetterling landete sanft auf einer kleinen Blume zu meinen Füßen. Sie alle folgten ihrem Weg, vertrauten ihrem Instinkt, ohne sich um die große, weite Welt zu sorgen.

Ich dachte an mein Leben in der Stadt, an die endlosen Meetings, die Quartalszahlen, die ständige Erreichbarkeit. Wann hatte ich das letzte Mal einfach nur den Moment genossen, ohne immer gleich an die nächste Aufgabe zu denken? Wann hatte ich das letzte Mal wirklich auf mein Herz gehört, anstatt nur meinem Verstand und den Erwartungen anderer zu folgen?

Die Sonne stand bereits tiefer am Himmel, und lange Schatten fielen zwischen die Bäume. Ich musste eine Entscheidung treffen. Weitergehen oder hier ausharren in der Hoffnung auf Rettung? Irgendjemand musste doch mal hier vorbeikommen. Die Ungewissheit nagte an mir, doch gleichzeitig spürte ich eine leise Hoffnung – als hielte dieser Wald noch etwas für mich bereit, eine Erfahrung, die ich durchleben musste.

Also los. Ich erhob mich und streckte meine steifen Glieder. Mein Blick schweifte noch einmal über das Panorama vor mir. Zögernd setzte ich einen Fuß vor den anderen. Der Waldboden federte sanft unter meinen Schritten. Ich hatte keine Ahnung, wohin dieser Weg mich führen würde, aber ich spürte, dass jeder Schritt mich weiter von meinem alten Ich entfernte – dass ich einen Teil von mir in »der Welt da draußen« zurückgelassen hatte. Indem ich mir das sagte, fragte ich mich, was ich wohl mit »die Welt da draußen« meinte. Ich wusste es tatsächlich nicht; der Gedanke war unvermittelt in meinem Kopf aufgetaucht. Es war mehr als

»hier drinnen im Wald, dort draußen in der Stadt«. Es war das unheimliche Gefühl, tatsächlich in einer anderen Welt gelandet zu sein.
Unsinn! Machte mich die ungewohnte Einsamkeit in der Natur schon verrückt? Ich schüttelte fassungslos den Kopf und marschierte weiter. Die düsteren Gefühle, die mich überfallen hatten, traten langsam wieder in den Hintergrund, und ich fing an, die Wanderung zu genießen.
Als die Dämmerung hereinbrach, erwachte der Wald zu neuem Leben, erfüllt von fremdartigen Geräuschen. Das Rufen einer Eule. Das Rascheln kleiner Tiere im Unterholz. In der zunehmenden Dunkelheit schärften sich auch meine anderen Sinne. Ich fühlte die raue Rinde der Bäume unter meinen Fingern, roch den würzigen Duft von Kiefernnadeln.
Plötzlich fand ich mich auf einer kleinen Lichtung wieder. Der Himmel über mir war übersät mit Sternen, so klar und zahlreich, wie ich es noch nie gesehen hatte. Ich ließ mich ins weiche Gras sinken und blickte staunend nach oben. Wie unbedeutend erschienen mir plötzlich all meine Sorgen und Probleme angesichts dieser Unendlichkeit.
Die Nacht verbrachte ich unter dem Sternenhimmel, eingehüllt in die Geräusche und Gerüche des Waldes.
Als die ersten Sonnenstrahlen den Horizont erhellten, erwachte ich mit gemischten Gefühlen. Einerseits fühlte ich mich seltsam erfrischt von dieser Nacht in der Natur, andererseits nagte die Sorge an mir, wie ich den Weg zurück in die Zivilisation finden sollte.
Ich stand auf, streckte mich und sah mich um. In der Morgendämmerung wirkte der Wald weniger bedrohlich, fast einladend. Ein schmaler Pfad, den ich gestern nicht bemerkt hatte, schlängelte sich zwischen den Bäu-

men hindurch. Vielleicht würde er mich zurück zur Straße führen, vielleicht aber auch tiefer in den Wald. Ich war unsicher, doch ich musste es versuchen.
Irgendwann, nach Stunden oder Minuten – ich hatte jedes Zeitgefühl verloren – hörte ich in der Ferne das Rauschen von Wasser. Ein Bach oder ein kleiner Fluss musste in der Nähe sein. Ich folgte dem Geräusch und kam schließlich an einen großen Felsen. Einer Quelle entsprang ein kristallklarer Bach, der einen kleinen Tümpel füllte und dann weiterfloss.
Während ich mein Gesicht im kühlen Wasser wusch, dachte ich über die vergangenen Stunden nach. Was als frustrierender Ausflug begonnen hatte, hatte sich zu einer verwirrenden und herausfordernden Erfahrung entwickelt.
Als ich aufblickte, sah ich jenseits des Baches einen schmalen Trampelpfad, der steil bergauf führte. Etwas sagte mir, dass dieser Weg mich zurück zur Zivilisation führen könnte.
Mit einem letzten Blick auf den friedlichen Wald machte ich mich auf den Weg. Ich hatte keine Ahnung, was mich am Ende dieses Pfades erwarten würde.

Ich hatte mich hoffnungslos verirrt. Wie hatte mir das passieren können? Wie war ich nur hier hineingeraten – mitten in den Wald, fernab von meinem hektischen Alltag und meinem Job, sondern auch an diesen Punkt in meinem Leben? Diese Fragen hämmerten in meinem Kopf, während ich

eine kurze Pause machte, mich auf einem moosbedeckten Felsen setzte und versuchte, meine Gedanken zu ordnen.
Ich erschrak, als ich erkannte, dass ich ein Gefangener der Umstände war. Bisher hatte ich mich der Illusion hingegeben, ein freier Mensch zu sein. Tatsächlich aber war mein Leben voller Zwänge – ein Rad, das sich immer schneller drehte. Ein Treffen führte zum nächsten, ein Projekt zum folgenden, ein Erfolg verlangte erbarmungslos den nächsten. Wie eine gut geölte Maschine hatte ich funktioniert, getrieben von meinen Genen, geformt durch meine Erziehung.
Obwohl ich mit 32 Jahren natürlich selbst für mein Leben verantwortlich war, hatten meine Eltern meine Entwicklung durch ihre hohen Erwartungen sicher stark beeinflusst. Ich erinnere mich an eine Jugend voller Leistungsdruck und an die ständigen Ermahnungen und Moralpredigten meines Vaters. »Nur wer hart arbeitet, wird erfolgreich«, »Du musst besser sein als die anderen«, »Ich kann nicht gibt es nicht – du willst nur nicht«.
Ich erinnerte mich an meine Schulzeit, wie ich stundenlang über meinen Hausaufgaben saß, während andere Kinder draußen spielten. An die Wochenenden, die ich mit Nachhilfeunterricht und Zusatzkursen verbrachte, anstatt mit Freunden auszugehen. An die schlaflosen Nächte vor wichtigen Prüfungen, die Angst, zu versagen, die Enttäuschung in den Augen meiner Eltern zu sehen.
Und dann die Uni, der Kampf um die besten Noten, die Praktika in den Semesterferien, die Netzwerkveranstaltungen, auf denen ich mich präsentieren musste. Immer mit dem Ziel vor Augen: Erfolg, Karriere, Anerkennung.

Ich blickte auf meine Hände, die Hände eines erfolgreichen Geschäftsmannes, gepflegt und manikürt, mittlerweile allerdings auch etwas schmutzig. Und sie hielten immer noch den Pilz, den mir der Pilzmann geschenkt hatte. So lang schien das schon her! Doch hier im Wald wirkten meine manikürten Hände seltsam fehl am Platz. Was konnten diese Hände schon wirklich? Hatten sie je etwas Echtes erschaffen, etwas Bleibendes?
Die Stille des Waldes um mich herum stand in krassem Gegensatz zu dem Lärm in meinem Kopf. Vögel zwitscherten, der Wind raschelte in den Blättern, irgendwo in der Ferne plätscherte ein Bach. All diese Geräusche schienen mir so viel bedeutungsvoller als das Klingeln meines Handys. Sicher, wenn ich es jetzt dabeihätte, würde ich bestimmt telefonieren. Oder Nachrichten schreiben. Oder zumindest nachsehen, wo ich war. Gott sei Dank, dachte ich, dass ich diesen Quälgeist vergessen habe. Ich lachte laut auf. So hatte ich noch nie über meinen ständigen Begleiter gedacht.
Es plätscherte, raschelte, rauschte, zwitscherte – und ich ertappte mich dabei, dass ich die Klänge des Waldes wunderschön fand. Warum hatte ich die einfachen Schönheiten des Lebens völlig aus den Augen verloren? Plötzlich fiel es mir wie Schuppen von den Augen: Ich hatte Angst. Angst davor, innezuhalten, Angst davor, zu reflektieren, Angst davor, zu erkennen, dass mein Leben vielleicht nicht das war, was ich wirklich wollte. Es war einfacher gewesen, weiterzumachen, immer weiter zu rennen, als anzuhalten und einmal alles zu hinterfragen. Aber jetzt, hier im Wald, zur Ruhe gezwungen – hier konnte ich nicht mehr weglaufen. Die Fragen, die ich so lange verdrängt hatte, brachen mit aller Macht hervor.

Was wollte ich wirklich vom Leben? Was machte mich wirklich glücklich? Wann hatte ich das letzte Mal etwas nur aus Freude getan, ohne an den Nutzen zu denken?

Ich schloss die Augen und atmete tief durch. Die belebende, duftende Waldluft füllte meine Lungen, und für einen Moment fühlte ich mich lebendiger als je zuvor.

Als ich wieder aus meiner Versunkenheit erwachte, sah ich die Welt um mich herum mit neuen Augen. Die Farben schienen intensiver, die Geräusche klarer. Es war, als hätte sich ein Schleier gehoben, der bisher meine Wahrnehmung getrübt hatte.

Ich musste an meine Kollegen denken, an die Menschen, mit denen ich täglich zu tun hatte. Wie oft hatte ich sie nur als Mittel zum Zweck betrachtet, als Hindernisse oder Werkzeuge auf meinem Weg zum Erfolg? Jenny, meine Sekretärin, die ich gestern Morgen so unfair behandelt hatte – was wusste ich über sie, über ihre Hoffnungen und Träume? Eigentlich gar nichts. Ich hatte sie nie wirklich als Menschen gesehen, sondern als humane Ressource, die zu funktionieren hatte. Ein Gefühl der Scham überkam mich. Hatte ich in meinem Streben nach Erfolg meine Menschlichkeit verloren? War ich zu einer Maschine geworden, die auf Effizienz und Leistung programmiert war? Ein Roboter, nein, ein Android, ein halb lebendiger Roboter in Menschengestalt?

Ich stand auf und ging ein paar Schritte. Meine Beine fühlten sich so schwer an, als müssten sie nicht nur meinen Körper, sondern auch die Last meiner Vergangenheit tragen. Ich lehnte mich gegen einen Baum und spürte die raue Rinde unter meinen Fingern. Wie lange war es her, dass ich bewusst einen Baum berührt hatte? Als Kind war ich manch-

mal auf Bäume geklettert, auch wenn meine Eltern davon gar nicht begeistert waren und regelrecht ausrasteten, wenn ich bis in den Gipfel der alten Fichte in unserem Garten kletterte. Wann hatte ich diese einfache Freude verloren?
Ich dachte an die scheinbar endlose Reihe von Entscheidungen, die meine Karriere angetrieben hatten. Jede einzelne schien logisch, vernünftig. Die prestigeträchtige Universität, der gut bezahlte Job, die schnellen Beförderungen, das immer großzügigere Gehalt. Und doch ... Hatte ich je innegehalten und mich gefragt, ob das wirklich der Weg war, den ich gehen wollte?
Ein Gefühl tiefer Sinnlosigkeit überkam mich. Ich ließ meinen Blick über die Landschaft schweifen. Die Bäume, die Felsen, der Himmel – alles zeitlos, unberührt von menschlichen Sorgen und Ängsten. Im Prinzip waren meine Probleme doch winzig und unbedeutend angesichts dieser ewigen Natur. Und doch waren es nun einmal *meine* Probleme, *ich* war es, der sich mies fühlte. Da halfen keine Prinzipien.
Andererseits ... War es nicht gerade diese Bedeutungslosigkeit, die mir eine gewisse Freiheit gab? Wenn meine Probleme im großen Ganzen so klein waren, hieß das dann nicht auch, dass ich die Macht hatte, sie zu ändern?
Ich dachte an die Möglichkeiten, die vor mir lagen. Ich könnte meinen Job kündigen, alles hinter mir lassen und ein völlig neues Leben beginnen. Aber war das wirklich die Lösung? Oder würde ich damit nur vor meinen Problemen davonlaufen, statt mich ihnen zu stellen?
Vielleicht ging es auch gar nicht darum, alles radikal zu ändern, sondern nur darum, kleine, aber bedeutsame Veränderungen vorzunehmen. Mir

mehr Zeit für mich selbst zu nehmen. Und für die Menschen, die mir wichtig waren. Meine Arbeit zwar nicht aufzugeben, aber ihr einen angemessenen Platz in meinem Leben zuzuweisen, statt sie alles dominieren zu lassen.

Ich erinnerte mich an all die Dinge, die ich einmal geliebt hatte. Das Klavierspielen, das ich aufgegeben hatte, weil es »Zeitverschwendung« war. Die Bücher, die ich nicht mehr las, weil ich sie durch Fachliteratur und Wirtschaftsberichte ersetzt hatte. Die Freundschaften – wenige genug waren es ohnehin –, die ich hatte einschlafen lassen, weil ich »keine Zeit« hatte.

War es zu spät, all das wiederzubeleben? Konnte ich vielleicht einen Weg finden, erfolgreich zu sein, ohne mich selbst dabei zu verlieren?

Die Sonne begann langsam unterzugehen, und die Schatten im Wald wurden länger. Ich wusste, dass ich einen Weg aus diesem Wald finden musste. Aber zum ersten Mal seit langer Zeit fühlte ich keine Panik bei dem Gedanken, nicht alles unter Kontrolle zu haben.

Ich atmete tief ein und aus, sog die Waldluft in mich ein und ließ sie meinen Geist klären. Es würde nicht einfach sein, Veränderungen in meinem Leben vorzunehmen. Jahre der Gewohnheit und Konditionierung ließen sich nicht einfach so über Nacht abschütteln. Aber ich spürte eine Entschlossenheit in mir, es zumindest zu versuchen.

Sofern ich jemals hier herausfand.

Als ich meinen Weg fortsetzte, fühlte ich mich gleichzeitig erschöpft und seltsam erfrischt. Die Fragen, die mich gequält hatten, waren nicht alle beantwortet, aber ich hatte das Gefühl, einen ersten Schritt gemacht zu haben.

In einer Art Trance wanderte ich weiter. Ich dachte nicht wirklich nach, wenn auch alle möglichen Gedanken in mir aufstiegen. Und vage Gefühle, die einerseits ganz neu, andererseits uralt zu sein schienen. Gefühle aus meiner Kindheit, Gefühle aus einem geträumten Leben. In meinem Kopf begann es zu klopfen. Immer heftiger und lauter. Mit jedem Klopfen verschwand ein wenig von dem guten Gefühl, das ich gehabt hatte, und ich geriet wieder in die alten Muster und Bahnen. Was war wohl in der Firma los? Hatte endlich mal jemand bemerkt, dass ich mich nun schon einen Tag lang nicht gemeldet hatte? Und wie kam ich nur aus diesem verflixten Wald wieder heraus?
Das Geklopfe in meinem Kopf begann mich zu nerven. Es klang wie das rhythmische Hacken einer Axt.

Der Holzfäller

Ich hatte bereits befürchtet, dass dieses laute Klopfen ein erstes Anzeichen eines Schlaganfalls sein könnte. Doch zum Glück war es eine wirkliche Axt. Und die schlug sicherlich nicht ganz von selbst auf einen Baum ein.

Ich folgte dem rhythmischen Schlagen, das durch den Wald hallte. Mit jedem Schritt wurde das Geräusch lauter, bis ich schließlich einen bulligen Mann sah, mit breiten Schultern und einem dichten, grau melierten Bart. Seine muskulösen Arme schwangen die Axt in einem gleichmäßigen Takt gegen den Stamm einer mächtigen Eiche.

Als er mich bemerkte, hielt er inne. Seine buschigen Augenbrauen zogen sich zusammen, während er mich skeptisch von Kopf bis Fuß musterte. Mir wurde schmerzlich bewusst, was für einen erbärmlichen Anblick ich in meinem zerknitterten Anzug und den schlammverkrusteten Designerschuhen auf ihn machen musste.

»Na, hast du dich verlaufen?«, fragte er mit einer tiefen, rauen Stimme. Es klang mehr wie eine Feststellung als eine Frage.
Ich räusperte mich. »Nein, ich mache nur einen kleinen Spaziergang.«
Er schaute mich verständnislos an. Oje – Ironie war hier wohl nicht angebracht. Ich versuchte es noch einmal. »Ja, ganz richtig. Ich habe mich in diesem verdammten Wald verlaufen und irre hier schon ewig herum. Mein Auto steht irgendwo dahinten auf der Straße.« Ich deutete in die Richtung, aus der ich zu kommen glaubte – auch wenn ich mir da inzwischen gar nicht mehr so sicher war. »Ich bin auf der Suche nach dem Weg zur Straße. Dort soll es ein Café oder eine Tankstelle geben. Können Sie mir vielleicht helfen?«
Der Holzfäller lehnte seine Axt gegen den Baumstamm und wischte sich den Schweiß von der Stirn. »Zur Straße, hm? Das ist nicht ganz einfach. Du willst aus dem Wald kommen? Und ich soll dir den Weg zeigen? Nun, das kommt ganz darauf an, wo du hinwillst.«
Ich runzelte die Stirn. Was quatschte dieser Kerl da? Was sollte schon schwierig daran sein, aus dem Wald zu kommen? Schwieriger als hineinzukommen, konnte es ja wohl kaum werden. »Wohin soll ich schon wollen?«, fragte ich gereizt. »Ich will einfach nur zurück in die Zivilisation.«
Er lachte – ein tiefes, grollendes Geräusch, das von den Bäumen um uns herum widerhallte. »Zivilisation ...? Bist du sicher, dass das wirklich der Ort ist, wo du sein willst?«
Seine Frage irritierte mich. Und dass er mich beharrlich duzte. Na ja, im Wald und in Bayern – da sprachen die Leute halt so. Natürlich wollte ich zurück. Wo sollte ich denn sonst hinwollen?

»Hören Sie«, sagte ich und konnte meine Ungeduld kaum verbergen, »ich habe wichtige Termine. Menschen verlassen sich auf mich. Ich kann nicht einfach spurlos hier im Wald verschwinden.«

Der Holzfäller nickte langsam, sein Blick durchdringend. »Verstehe. Aber sag mal: Hast du dich mal gefragt, ob diese Termine, diese Menschen, wirklich so wichtig sind? Wichtiger als du selbst?«

Ich war sprachlos. Wer war dieser Typ, dass er es wagte, mein Leben infrage zu stellen? So weit kam es noch, dass sich irgend so ein primitiver Baumzerhacker als Psychoanalytiker aufspielte.

»Das geht Sie gar nichts an«, erwiderte ich scharf. »Ich will nur wissen, wie ich zur Straße komme, sonst gar nichts.«

Er zuckte mit den Schultern. »Mag schon sein. Aber sieh dich doch mal um.« Er machte eine ausladende Geste, die den Wald um uns herum einschloss. »Hier draußen zählen deine Termine nichts. Die Natur folgt ihrem eigenen Rhythmus. Vielleicht solltest du darüber nachdenken, warum du wirklich hier bist.«

Seine Worte trafen mich härter, als ich zugeben wollte. Sie erinnerten mich an meine eigenen Gedanken der letzten Stunden. Aber ich war nicht bereit, das zuzugeben. »Ich bin hier, weil mein Auto liegen geblieben ist«, sagte ich trotzig. »Das ist alles.«

Der Holzfäller schüttelte den Kopf. »Nein, Bub. Du bist hier, weil du den Weg verloren hast. Und so wie du ausschaust und daherredest, gewiss nicht nur den Weg durch den Wald.«

Ich spürte, wie Wut in mir aufstieg. Wer war dieser Kerl, dass er glaubte, mich zu kennen? »Hören Sie«, sagte ich, meine Stimme gezwungen ruhig, »ich weiß weder, wer Sie sind, noch, was Sie sich einbilden zu wissen.

Aber eins weiß ich: Ich brauche keine Lebensberatung von Waldarbeitern. Wenn ich die brauchen sollte, geh ich zum Psychologen. Und ein Kind bin ich auch nicht. Also nennen Sie mich nicht ›Bub‹. Wenn Sie mir nicht den Weg zeigen wollen, werde ich ihn schon selbst finden.«

Anstatt beleidigt zu sein, lächelte der Holzfäller nur. Es war ein wissendes Lächeln, das mich noch mehr irritierte. »Ja, das wäre sehr gut, wenn du den Weg selbst finden könntest«, sagte er. »Aber lass dir noch einen Rat geben: Der einfachste Weg ist nicht immer der richtige.«

Er deutete auf einen Pfad, wo die Bäume lichter standen. »Wenn du diesem Weg folgst, kommst du nach etwa einer halben Stunde zu einer Schlucht. Du kannst versuchen, sie zu überqueren – es gibt einen schmalen Steg. Oder du nimmst den längeren Weg, der um die Schlucht herumführt. Das dauert eine Stunde länger, aber es ist sicherer.«

Ich nickte knapp. »Danke für die Information.« Ohne ein weiteres Wort wandte ich mich ab und folgte dem Pfad.

»Noch etwas«, rief der Holzfäller mir nach. Ich blieb stehen, drehte mich aber nicht um. »Denk daran: Manchmal müssen wir uns verirren, um uns selbst zu finden.«

Ich schnaubte leise. Philosophische Waldarbeiter – das hatte mir gerade noch gefehlt. Ohne zu antworten, setzte ich meinen Weg fort.

Während ich durch den dichten Wald stapfte, hallten die Worte des Holzfällers in meinem Kopf wider. Sie vermischten sich mit meinen eigenen Gedanken und Zweifeln der letzten Stunden. War ich wirklich so verloren, wie er gesagt hatte?

Der Pfad wurde steiler und steiniger. Schweiß rann mir den Rücken hinunter, und meine teuren Lederschuhe rutschten immer wieder auf dem losen Untergrund ab. Ich verfluchte mich dafür, dass ich nicht wenigstens ein Paar vernünftige Wanderschuhe im Auto hatte. Aber wer konnte auch ahnen, dass die »Abkürzung« sich in einen Gewaltmarsch verwandeln würde.

Genau wie der Holzfäller gesagt hatte, lichtete sich der Wald etwa nach einer halben Stunde, und ich stand am Rande einer tiefen Schlucht. Ein schmaler, wackeliger Holzsteg führte über den Abgrund. Ich trat an den Rand der Schlucht und blickte hinunter. Mir wurde flau im Magen. Tief unten rauschte ein reißender Fluss über Felsen. Wer dort runterfiel, mochte wohl aus dem Wald kommen – aber sicher nicht in einem Stück. Der Steg sah alt und morsch aus, einige Bretter fehlten sogar. Gruselig.

Die Worte des Holzfällers kamen mir in den Sinn: »Der einfachste Weg ist nicht immer der richtige.« War das eine Metapher für mein Leben? War ich immer den einfachsten, schnellsten Weg gegangen, ohne die Risiken zu bedenken? Blödsinn. Ich schüttelte den Kopf, um die Gedanken zu vertreiben. Das war ja lächerlich. Ich war ein erfolgreicher Geschäftsmann, kein verwirrter Wanderer, der nach dem Sinn des Lebens suchte, indem er Bäume umarmte. Ich würde diesen Steg überqueren und meinen Weg fortsetzen und damit basta. Es war schließlich der schnellste Weg zurück in mein normales Leben.

Mit zitternden Händen griff ich nach dem Seil, das als Geländer diente, und setzte vorsichtig einen Fuß auf das erste Brett. Es knarrte bedrohlich unter meinem Gewicht. Langsam, Schritt für Schritt, bewegte ich mich vorwärts. Der Wind zerrte an meiner Kleidung, und ich wagte es nicht, nach unten zu blicken.

Etwa in der Mitte des Stegs hörte ich ein beunruhigendes Knarzen. Bevor ich reagieren konnte, gab das Brett unter meinen Füßen nach. Ich verlor das Gleichgewicht. In letzter Sekunde gelang es mir, mich am Seil festzuklammern. Dort hing ich nun, über dem Abgrund baumelnd.
Verzweifelt hielt ich mich an dem alten Seil fest, an dem jetzt mein Leben hing. In meiner Panik erkannte ich, wie dumm ich gewesen war. Wie naiv. Der Holzfäller hatte recht gehabt. Ich hatte den falschen Weg gewählt, aus Stolz und Ungeduld. Und jetzt könnte meine Dummheit mich das Leben kosten.
Mit letzter Kraft zog ich mich hoch und kroch schweißgebadet auf allen Vieren zurück. Erst als ich wieder am Anfang des Stegs lag, keuchend und zitternd, unfähig mich zu bewegen, kam mir, dass ich ja auch in die andere Richtung hätte kriechen können. Dann wäre ich jetzt wenigstens auf der richtigen Seite. Aber die Erkenntnis kam zu spät.
Nachdem mein Atem sich langsam beruhigt hatte, begann ich hysterisch zu lachen. Als ich mich schließlich aufrappelte, war meine Entscheidung gefallen. Ich würde den längeren Weg um die Schlucht herum nehmen, den der Holzfäller mir empfohlen hatte. Sicher – es würde deutlich mehr Zeit kosten. Aber vielleicht konnte ich diese Zeit nutzen, um noch einmal über mein Leben nachzudenken. Mit immer noch zitternden Beinen schlug ich den Pfad ein, der entlang der Schlucht führte.

Immer wieder, fast zwanghaft, blickte ich in die Schlucht hinunter. Nach und nach kam sie mir gar nicht mehr so bedrohlich vor, und sie schien auch nicht besonders tief zu sein. Auf der gegenüberliegenden Seite ging es nur ein paar Meter bergauf. Und irgendwo da oben, jenseits des oberen Randes, musste doch die Straße liegen! Ich blieb stehen und überlegte. Der halsbrecherische Steg und der ebenso lange wie langweilige Pfad waren ja eigentlich nur zwei Optionen. Es gab aber noch eine dritte: Warum nicht den Weg mitten durch die Schlucht nehmen? Sicher wäre es einfacher gewesen, den bequemen Pfad weiterzugehen. Aber das war etwas für Angsthasen. So war ich nicht erzogen worden. »Gib niemals auf«, hatte Vater immer gesagt. Und: »Nur Memmen gehen den einfachen Weg.« Memme – das war eins seiner Lieblingsworte. Vor allem, um mich zu beschreiben.

Ich checkte noch einmal die Lage: Zu meiner Rechten war der Abgrund und der reißende Bach. Darüber führte dieser verdammte Steg, der mich fast das Leben gekostet hätte. Und oberhalb des Abhangs verlief wahrscheinlich die Straße. Furchtbar steil sah es eigentlich nicht aus. Wenn da nur nicht diese Klamm gewesen wäre. Trotzdem. Ich würde versuchen, nach unten zu klettern. Immerhin ging ich ja zweimal die Woche ins Gym und fühlte mich einigermaßen fit.

Ich betrachtete meine Hände. Sie waren schmutzig und nach meinem Abenteuer auf der Hängebrücke ziemlich aufgeschürft. Meine manikürten Nägel sahen jämmerlich aus. Aber egal – ein echter Mann scheute sich nicht vor ein bisschen Dreck unter den Fingernägeln, redete ich mir gut zu. Ein banges Gefühl überkam mich dann allerdings doch, als ich den Abhang musterte. Ganz so einfach würde es nicht werden. Aber ich hatte meine Entscheidung getroffen und würde mich jetzt zusammenreißen.

»Ich schaffe das!«, sagte ich laut zu mir, als müsste ich mich selbst davon überzeugen. »Dafür muss man ja kein Alpinist sein. Es ist der kürzeste Weg – aber eben nur etwas für Mutige.« Und mutig war ich doch, oder? Zumindest redete ich mir das ein, während ich den Abstieg zum Gebirgsbach in Angriff nahm.

Der erste Teil des Abstiegs war relativ einfach. Der Boden war fest, und ich fand gute Tritte. Aber je näher ich dem Bach kam, desto steiler und rutschiger wurde es. Meine teuren Oxford-Schuhe, die Büroflure gewohnt und nicht fürs Freiklettern gemacht waren, fanden kaum Halt auf dem losen Geröll.

Etwa auf halber Strecke zum Bach verlor ich das Gleichgewicht und rutschte ab. Mein Herz setzte für einen Moment aus. In letzter Sekunde gelang es mir gerade noch, mich an einem Baumstumpf festzuhalten. Keuchend blieb ich stehen, mein Puls raste. Das war knapp gewesen. Zu knapp. Für einen Moment überlegte ich umzukehren. Der vernünftige Teil meines Gehirns schrie mich förmlich an, dass das hier vollkommener Wahnsinn war. Aber mein Stolz war stärker. Ich konnte jetzt nicht aufgeben. Dafür war es zu spät.

Vorsichtiger als zuvor setzte ich meinen Weg fort. Der Bach kam näher, sein Rauschen wurde lauter. Als ich schließlich erschöpft am Ufer ankam, wurde mir klar, dass ich die Situation von oben vollkommen falsch eingeschätzt hatte.

Besonders breit war der Bach zwar nicht, die Strömung dafür aber umso stärker. Das Wasser war bedeutend reißender und wilder, als es von oben ausgesehen hatte. Und die Steine, die ich für eine einfache Überquerung gehalten hatte, waren glitschig und lagen weit auseinander.

Ich stand am Ufer und starrte fassungslos auf das schäumende Wasser. Der Schweiß rann mir den Rücken hinunter, und das nicht nur wegen der körperlichen Anstrengung. Angst kroch in mir hoch, kalt und lähmend. Was, wenn ich ausrutschte? Was, wenn die Strömung mich mitriss?

»Das schaffst du schon«, ermahnte ich mich wieder laut, aber ich war nicht sehr überzeugt. Im Gegensatz zum rauschenden Wasser klang meine Stimme in meinen Ohren dünn und zittrig. Andererseits hatte ich jetzt keine Wahl mehr. Zurück konnte ich nicht, also musste ich wohl oder übel vorwärts.

Mit pochendem Herzen wagte ich den ersten Schritt. Der Stein war glatt und rutschig unter meinem Fuß. Ich schwankte, fand aber mein Gleichgewicht wieder. Okay, das war nicht so schlimm gewesen. Ich konnte das. Mein Puls schnellte in die Höhe, während ich vorsichtig von Stein zu Stein balancierte. Das Wasser gurgelte und schäumte um meine Füße herum. Ein falscher Tritt und ich würde mitgerissen werden.

Auf halbem Weg passierte es dann. Ich setzte meinen Fuß auf einen Stein, der kleiner als die anderen war. Er gab unter meinem Gewicht nach. Rollte weg. Ich verlor das Gleichgewicht. Meine Arme ruderten wild in der Luft. Für einen schrecklichen Moment sah ich mich schon hilflos im Wildwasser treiben. Doch irgendwie, durch reines Glück oder vielleicht einen Adrenalinschub, schaffte ich es gerade noch, mich auf dem nächsten Stein wieder abzufangen.

Keuchend und zitternd stand ich da, mitten im reißenden Bach. Das Wasser umspülte meine Beine, durchnässte meine Hose. Mein Herz hämmerte so laut, dass es das Rauschen des Wassers fast übertönte.

»Komm schon«, murmelte ich zu mir selbst. »Nur noch ein paar Steine. Du hast es gleich geschafft.«

Mit schlotternden Knien setzte ich meinen Weg fort. Als ich endlich wieder festen Boden unter den Füßen hatte, hätte ich vor Erleichterung weinen können. Ich hatte es tatsächlich geschafft.

»Okay, den schwierigsten Teil hab ich hinter mir«, dachte ich erleichtert. Jetzt musste ich nur noch den Abhang rauf. Es waren ja nur ein paar Meter. Von hier unten sah es allerdings steiler als erwartet aus. Aber allzu schwer würde es schon nicht werden.

Ich nahm mir einen Moment Zeit, um zu Atem zu kommen. Mein teurer Anzug war ruiniert, Schlamm und Wasser hatten ihn in einen jämmerlichen Zustand versetzt. Von den Schuhen ganz zu schweigen. Aber ausziehen würde ich sie auf keinen Fall. Wie ein Wilder barfuß herumzulaufen, kam für mich nicht infrage. Ohnehin war das jetzt meine geringste Sorge. Ich musste den Hang rauf und zurück zur Zivilisation.

Ich machte mich an den Aufstieg. Anfangs ging es leicht. Der Boden war fest, und ich fand gute Griffe für meine Hände. »Siehst du«, sagte ich mir, »es ist gar nicht so wild. Du hast das Schlimmste hinter dir.«

Doch ich hatte mich zu früh gefreut. Mit jedem Schritt wurde es schwieriger. Die Steigung wurde steiler, der Untergrund lockerer. Und wieder rutschte ich haltlos in diesen verdammten Schuhen herum, die schon beim Abstieg und der Bachüberquerung versagt hatten. Vielleicht hätte ich sie doch lieber ausziehen sollen. Besser wie ein Wilder nach oben klettern, als zivilisiert abstürzen, dachte ich. Aber wieder einmal kam die Einsicht zu spät. Wenn ich sie jetzt mitten im Hang auszog, würde ich ganz bestimmt abstürzen.

Mit zitternden Händen tastete ich nach dem nächsten Griff. Meine Muskeln protestierten, als ich mich hochzog. Zentimeter um Zentimeter arbeitete ich mich vorwärts. Jeder Schritt ein Kampf gegen die Schwerkraft. Und gegen meine eigene Erschöpfung.

Plötzlich splitterte der Fels unter meinem Fuß wie morsches Holz. Lose Steine lösten sich und polterten in die Tiefe. Ich verlor das Gleichgewicht, rutschte rückwärts. Meine Hände kratzten verzweifelt über den Fels, suchten nach irgendetwas zum Festhalten. In letzter Sekunde bekam ich einen Ast zu fassen. Mein ganzes Gewicht hing an diesem dünnen Zweig, der bedrohlich knackte. Panik überflutete mich. Hier hing ich nun – mitten am Abhang, unfähig, vorwärts oder rückwärts zu kommen. Wie hatte ich nur so dumm sein können, den Rat des Holzfällers zu ignorieren? Und wie hatte ich so dumm sein können, meine eigenen Grenzen nicht zu erkennen und mich maßlos zu überschätzen? Durch meine Ignoranz hatte ich mich in eine lebensgefährliche Situation gebracht.

Was würde passieren, wenn ich hier stürzte? Würde mich jemand finden? Wohl kaum. Wahrscheinlich würde ich einfach von dem reißenden Bach über die Felsen geschleudert werden und als unkenntliche Masse irgendwo auftauchen. Ein gefundenes Fressen für reißerische Schlagzeilen: »*Topmanager verirrt sich im Wald. Wildbach wird zur Todesfalle.*« Wie lange würde es wohl dauern, bis man mich vermisste? Die Gedanken rasten durch meinen Kopf, während ich verzweifelt versuchte, einen sicheren Halt für meine Füße zu finden.

Ich presste mich keuchend an die Felswand. Als ich nach unten blickte, brach mir der Angstschweiß aus. Hinunter zu gelangen war unmöglich. Nach oben war gefährlich, aber zumindest nicht völlig ausgeschlossen.

Ich zitterte am ganzen Leib. Nach einer Zeit, die mir wie eine Ewigkeit vorkam, gewann ich die Kontrolle über meinen Körper wieder ein wenig zurück.
Vorsichtig und wie in Zeitlupe löste ich meine rechte Hand und versuchte, einen Griff etwas höher zu finden. Und tatsächlich fand ich einen festen Griff. Zum Glück. Nun die linke Hand. Der rechte Fuß ...
Und da passierte es. Die Ledersohlen rutschten. Ich hing mit beiden Händen an einem Felsvorsprung. Ich versuchte, mich hochzuziehen. Meine Muskeln brannten. Das Adrenalin verlieh mir übermenschliche Kraft. Aber dann brach der Stein, an den ich mich klammerte. Ich schrie auf, ich wusste genau, dass ich mich schwer verletzen, wahrscheinlich sterben würde.
Es heißt, dass im letzten Moment das ganze Leben an einem vorüberzieht. Aber entweder war noch weniger los in meinem Leben, als ich dachte, oder die Zeit reichte nicht für das Replay.

Ich schreie noch, als ich unten aufschlage. Dann verschlingt mich die Dunkelheit.
Als ich aufwache, tut mir alles weh. Bestimmt ist etwas gebrochen. Sobald meine Panik ein wenig nachgelassen hat, versuche ich vorsichtig, meine Hände und Füße zu bewegen. Ich bereue es sofort. Jede Bewegung verursacht stechende Schmerzen. Vor allem mein rechtes Knie schmerzt höllisch. Aber das ist einerseits ein gutes Zeichen, denn zumindest bin ich offensichtlich nicht gelähmt.

Also versuche ich aufzustehen, falle aber gleich wieder hin. Mein Knöchel kann mein Gewicht nicht tragen und tut jetzt noch mehr weh als das Knie.

Ich liege einige Momente bewegungslos da, während die Erinnerungen an meinen Sturz zurückkehren. Die Panik, das Gefühl des Fallens, der Aufprall – alles kommt in Wellen über mich. Ich zwinge mich, ruhig zu atmen und meine Situation zu erfassen.

Vorsichtig taste ich meinen Körper ab. Mein rechtes Knie fühlt sich geschwollen an und pocht schmerzhaft. Der linke Knöchel scheint verstaucht oder Schlimmeres. Zweifellos habe ich mir Rippen, Arme und Rücken geprellt, aber zumindest scheint nichts gebrochen zu sein – ein Wunder, wenn ich bedenke, wie weit ich gefallen und dass ich mehrfach auf dem Felsen aufgeschlagen bin.

Wenn ich meinen Arm ausstrecke, spüre ich das reißende, eiskalte Wasser. Die Felsen, denen ich all meine Blessuren verdanke, haben mich immerhin davor bewahrt, in den Fluss zu fallen. Wäre das geschehen ... Mir läuft ein Schauer über den Rücken.

Ich kühle meinen Knöchel und mein Knie im Bach. Und nach einer Weile gelingt es mir schließlich, aufzustehen und ein paar Schritte zu humpeln. Jeder Schritt ist eine Qual. Mein verletztes Knie droht unter mir nachzugeben, und mein Knöchel protestiert schon bei der kleinsten Belastung.

Ich lehne mich an die Felswand, atme tief durch und versuche, mich zu orientieren. Die steilen Klippen, von denen ich gestürzt bin, ragen bedrohlich über mir auf. Und dort oben, nur rund zehn Meter entfernt, ist wahrscheinlich die Straße. So nah und doch so unerreichbar. Die Sonne steht jetzt schon tief am Himmel, und der Gedanke, die Nacht hier draußen verbringen zu müssen, lässt mich erschaudern. Eine Stimme in mir sagt, dass ich mich nicht bewegen sollte. Dass ich lieber hier warten und auf Rettung hoffen sollte. Offenbar ist diese Stimme nicht gerade der schlaueste Teil von mir. Wer sollte mich hier schon finden? Eine andere innere Stimme – vielleicht mein Stolz, vielleicht meine Angst – drängt mich, es doch einfach noch einmal zu versuchen.

Ich stehe vor der Steilwand und blicke nach oben. Zehn Meter. Es könnten genauso gut hundert sein. Zum ersten Mal seit Langem spüre ich Tränen in meinen Augen. Was würde ich jetzt dafür geben, in meinem Büro zu sitzen!

Ich blicke noch einmal nach oben, zu der Straße, die so nah und doch so unerreichbar ist. Zehn Meter. Zehn Meter, die über Leben und Tod entscheiden könnten.

Ich entscheide mich zu leben. »Reiß dich am Riemen!«, höre ich die Stimme meines Vaters sagen, und zum ersten Mal scheint mir sein Ratschlag gut zu passen. Also reiße ich mich noch einmal zusammen – schließlich ist Aufgeben keine Option. Und nur, weil ich es beim ersten Versuch nicht geschafft habe, heißt das ja nicht, dass es unmöglich ist.

Meine Hände tasten nach jedem kleinen Vorsprung, nach jeder Ritze im Fels. Meine Muskeln zittern vor Anstrengung. Jeder Zentimeter ist ein Kampf gegen den Schmerz, gegen die Schwerkraft, gegen meine eigene Verzweiflung.

Während ich mich quälend langsam nach oben kämpfe, erscheinen mit einem Mal Bilder aus meiner Vergangenheit vor meinem inneren Auge.
Ich sehe mich als kleinen Jungen, vielleicht sechs oder sieben Jahre alt. Es ist ein sonniger Samstagnachmittag, und ich fahre stolz mit meinem nagelneuen roten Fahrrad die Straße unseres Vororts hinunter. Das Fahrrad ist ein Geburtstagsgeschenk, und ich fühle mich unbesiegbar. Der Wind weht durch mein Haar, das Lachen meiner Freunde klingt in meinen Ohren. Ich drehe mich um, will ihnen zuwinken, ihnen zeigen, wie schnell ich fahren kann.
In diesem Moment verliere ich das Gleichgewicht. Der Lenker entgleitet meinen Händen. Die Welt dreht sich, der Himmel und die Straße verschwimmen zu einem wirbelnden Blaugrau. Dann der Aufprall. Ich rolle über den rauen Asphalt, spüre, wie meine Haut aufgeschürft wird. Als ich endlich zum Stillstand komme, ist der Schmerz überwältigend. Tränen schießen mir in die Augen, vermischen sich mit dem Blut und Schmutz in meinem Gesicht.
Ich versuche aufzustehen, aber irgendetwas stimmt nicht. Mein linker Arm hängt in einem seltsamen Winkel herab. Gebrochen. Panik steigt in mir auf, als ich realisiere, was passiert ist. Ich schreie nach meiner Mutter.
Die Szene wechselt. Ich bin im Krankenhaus. Der Geruch von Desinfektionsmitteln liegt in der Luft, vermischt mit der metallischen Note von Blut und dem süßlichen Dunst der Medikamente. Das Piepsen der Maschinen bildet einen stetigen Rhythmus im Hintergrund. Ich liege in einem viel zu großen Bett, mein Arm steckt in einem schweren Gipsverband.

Die besorgten Gesichter meiner Eltern schweben über mir. Meine Mutter streichelt sanft mein Haar, ihre Augen voller Tränen. Mein Vater steht am Fußende des Bettes, seine Miene ernst und nachdenklich.
»Es tut mir leid, Papa«, schluchze ich. »Ich wollte nicht hinfallen. Ich wollte euch doch nur zeigen, wie gut ich fahren kann.«
Mein Vater kommt näher, legt seine Hand auf meine Schulter. Seine Stimme ist ruhig, aber bestimmt. »Hör zu, Junge«, sagt er. »Es ist nicht schlimm, zu fallen. Jeder fällt mal hin. Was zählt, ist, dass du wieder aufstehst. Egal, wie oft du fällst, du musst immer wieder aufstehen. Verstehst du das?«
Ich nicke, obwohl ich nicht sicher bin, ob ich es wirklich begreife. Aber ich will meinen Vater nicht enttäuschen. Ich will stark sein, für ihn.
Die Erinnerung verblasst, wird von einer anderen abgelöst. Ich bin auf dem Gymnasium, habe das Abitur als Jahrgangsbester bestanden. Nun stehe ich am Rednerpult vor der versammelten Schülerschaft. Die Aula ist bis auf den letzten Platz gefüllt, Hunderte von Augen sind auf mich gerichtet. Meine Hände sind schweißnass, meine Stimme zittert, als ich meine Rede beginne.
»Liebe Mitschüler, Frau Direktor, liebe Lehrer, verehrte Gäste«, höre ich mich stockend sagen. Die Worte klingen fremd in meinen Ohren. Dabei habe ich tagelang an dieser Rede gefeilt, habe jedes Wort sorgfältig gewählt und sogar vor dem Spiegel geübt. Doch jetzt, im entscheidenden Moment, fühle ich mich, als würde ich versagen.
Mein Blick schweift über die Menge, sucht nach einem freundlichen Gesicht. Und da sehe ich sie, in der letzten Reihe: meine Eltern. Meine Mutter lächelt ermutigend, mein Vater nickt mir ernst zu. Ihre Anwesen-

heit erinnert mich daran, warum ich hier stehe. Ich darf sie nicht enttäuschen. Ich muss gewinnen, muss der Beste sein.
Mit neuem Mut fahre ich fort. Meine Stimme wird stärker, sicherer. Ich spreche von Veränderung, von Verantwortung, von einer besseren Zukunft für unsere Schule. Als ich ende, tobt der Saal. Der Applaus ist enorm. Keiner lacht, wie ich befürchtet hatte. Der sichtlich beeindruckte Blick meines Vaters erfüllt mich mit Stolz.
Weitere Bilder blitzen auf. Mein erster Tag an der Universität, das imposante Gebäude, das mich gleichzeitig einschüchtert und inspiriert. Die durchwachten Nächte vor wichtigen Prüfungen, der Geruch von Kaffee und das Rascheln von Papier, während ich verzweifelt versuche, noch mehr Informationen in meinen völlig übermüdeten Kopf zu pressen.
Und schließlich der Moment, auf den ich so lange hingearbeitet habe: Ich halte meinen Abschluss mit Auszeichnung in den Händen. Ich sehe die Bewunderung in den Augen meines Vaters, die Tränen in denen meiner Mutter. Ich habe es geschafft. Ich habe ihre Erwartungen erfüllt.
Nach der Zeremonie kommt mein Vater auf mich zu. Sein Gesicht ist ernst wie immer. Ich kann mich nicht erinnern, ihn jemals lächeln gesehen zu haben. Aber in seinen Augen erkenne ich jetzt etwas, das ich selten zuvor gesehen habe – echte Anerkennung. Er legt seine Hand schwer auf meine Schulter und sagt mit rauer Stimme: »Du hast endlich mal gezeigt, dass du keine Memme bist, Junge! Ich bin stolz auf dich.«
Diese Worte treffen mich tiefer, als ich es je für möglich gehalten hätte. Zum ersten Mal habe ich das Gefühl, wirklich seinen Respekt verdient zu haben. In diesem Moment schwöre ich mir, ihn nie wieder zu enttäuschen.

Die Szenen wechseln schneller. Mein Einstieg ins Berufsleben. Der erste Tag im Büro, das Gefühl des neuen Anzugs auf meiner Haut, das Gewicht der Verantwortung auf meinen Schultern. Die langen Arbeitstage, die endlosen Meetings. Die vielen Überstunden und die Nächte, in denen ich im Büro schlafe, um an wichtigen Projekten zu arbeiten.

Ich sehe mich selbst, wie ich die Karriereleiter erklimme. Jede Beförderung ein Triumph, jede neue Position eine Bestätigung meines Wertes. Die neidischen Blicke meiner Kollegen, die anerkennenden Worte meiner Vorgesetzten.

Und dann der Höhepunkt: der Moment, als ich zum jüngsten CEO in der Firmengeschichte ernannt werde. Die Glückwünsche des Vorstands, das Gefühl unendlicher Macht und Möglichkeiten.

All diese Erinnerungen, all diese Erfolge – doch wofür? Um jetzt hier zu sterben, allein und verletzt in einem gottverlassenen Wald?

Die Bilder verblassen, und ich finde mich in der harten Realität wieder. Meine Hände bluten von den scharfen Felsen, meine Muskeln schreien vor Erschöpfung. Und doch klettere ich wie in Trance weiter – immer weiter. Und schließlich schaffe ich es tatsächlich: Meine Finger umklammern die obere Kante des Felsens. Mit letzter Kraft ziehe ich mich hoch, schwinge mein Bein über die Kante und hieve mich erschöpft auf die sichere Felsoberfläche. Endlich geschafft! Gleich werde ich die Straße sehen. Und dann zur Tankstelle humpeln oder ein Auto anhalten. Oder vielleicht erst einmal in Ruhe eine Tasse Kaffee trinken. Ein Lächeln breitet sich auf meinem Gesicht aus, und die Hoffnung gibt mir neue Kraft.

Ich rolle mich auf den Rücken, atme schwer. Meine Arme zittern, meine Lungen brennen. Für einen Moment schließe ich die Augen, genieße das

Gefühl des festen Bodens unter mir, genieße die unglaubliche Erleichterung.
Dann, ganz langsam, öffne ich die Augen wieder und richte mich auf, gespannt, die ersehnte Straße zu sehen, meine Rettung.
Aber da ist keine Straße. Keine Tankstelle. Kein Zeichen von Zivilisation. Nur Wald. Endloser, dichter Wald, so weit das Auge reicht.
Ich schlucke schwer und breche zusammen. Die Erkenntnis trifft mich wie ein Schlag in die Magengrube. All die Anstrengung, all der Schmerz – umsonst. Weit und breit ist keine Menschenseele zu sehen, ist keine Rettung in Sicht.
Tränen der Verzweiflung und Erschöpfung strömen über mein Gesicht. Ich schlage mit den Fäusten auf den Boden, schreie meine Frustration in die gleichgültige Wildnis hinaus. Als meine Kräfte mich endgültig verlassen, sinke ich zu Boden. Ich habe versagt. Nicht nur hier im Wald, sondern in meinem ganzen Leben habe ich alles falsch gemacht.
Während die Dunkelheit mich umhüllt, frage ich mich, ob das hier das Ende ist. Ob dies der Ort ist, an dem meine Geschichte endet. Allein, verletzt, verloren – weit weg von allem, was ich für wichtig hielt.
Nun ist es schon die zweite Nacht, die anbricht. Und sie bringt eine Kälte mit sich, die bis in meine Knochen dringt. Ich liege da – unfähig, mich zu bewegen, unfähig zu denken. Die Tränen laufen mir übers Gesicht, aber ich spüre sie kaum. Ich warte einfach. Warte wie gelähmt. Worauf? Ich weiß es nicht. Auf Rettung? Auf den Tod? Auf eine Eingebung?
In der Ferne heult ein Wolf. Ein Wolf? In Bayern gibt es doch keine Wölfe, oder doch? Aber dieses Heulen ... Bilde ich mir das nur ein? Die Geräusche

des nächtlichen Waldes umfangen mich, fremd und bedrohlich. Ich fühle mich so klein, so unbedeutend angesichts der gewaltigen, gleichgültigen Natur um mich herum. Was würde ich dafür geben, die Stimmen anderer Menschen zu hören, selbst wenn es nur das belanglose Geplauder meiner Kollegen wäre!

In der Dunkelheit, umgeben von den unheimlichen Klängen des Waldes, denke ich an die Worte meines Vaters zurück: »Egal, wie oft du fällst, du musst immer wieder aufstehen.« Aber wie soll ich aufstehen, wenn ich nicht einmal weiß, wo oben und unten ist? Wie soll ich weitermachen, wenn jeder Weg ins Nichts zu führen scheint? Unwillkürlich muss ich an George Harrisons Song denken: »If you don't know where you're going, any road can lead you there ...« Vielleicht hat er recht. Wenn du nicht weißt, wohin du gehst, kann dich jede Straße an dieses Ziel bringen ...

Schließlich übermannt mich die Erschöpfung. Meine Augen fallen zu, und ich gleite in einen unruhigen Schlaf, geplagt von Träumen von endlosen Wäldern und unerreichbaren Gipfeln.

Das Kind

Ich weiß nicht, wie lange ich so daliege, als ich plötzlich Schritte höre. Die Nacht um mich herum ist verstummt, nur das leise Rauschen der Blätter im Wind und das gelegentliche Knacken eines Astes durchbrechen die Stille. Zuerst denke ich, ich hätte mir die Schritte nur eingebildet – ein Produkt meiner erschöpften, schmerzgeplagten Fantasie. Doch dann höre ich sie wieder: leise, vorsichtige Schritte, die sich langsam nähern.

Mein Herz beginnt zu rasen. Endlich! Rettung naht! Ich will mich bemerkbar machen, will rufen, schreien, mich bewegen – doch von einer Sekunde zur nächsten versagt mein Körper. Wie aus dem Nichts bin ich wie gelähmt – gefangen im eigenen Fleisch. Ich verstehe nicht, was hier mit mir geschieht. Panik steigt in mir auf, kriecht meine Kehle hoch und droht, mich zu ersticken. Was, wenn sie mich nicht sehen? Was, wenn sie an mir vorbeigehen, mich hier liegen lassen, verletzt und allein?

Die Schritte kommen näher, werden deutlicher. Es sind leise Schritte, wie auf weichen Pfoten. Um Himmels willen – vielleicht ist es ein Bär! Ich kämpfe gegen die Lähmung an, die meinen Körper gefangen hält. Komm schon, beweg dich! Mit aller Willenskraft konzentriere ich mich darauf, wenigstens meine Finger zu bewegen. Langsam, quälend langsam, spüre ich, wie Leben in meine Glieder zurückkehrt. Erst ein Zucken, dann ein Kribbeln, und schließlich gelingt es mir, meinen Arm zu heben.
Gerade als ich den Mund öffnen will, um zu rufen, sehe ich eine Gestalt zwischen den Bäumen auftauchen. Meine Stimme versagt, als ich erkenne, wer da auf mich zukommt.
Ein Kind!
Ein Mädchen, vielleicht zehn Jahre alt, in einem blauen Kleid, das im fahlen Mondlicht geradezu zu leuchten scheint. Sie geht barfuß über den moosbedeckten Waldboden. So, als wäre es das Natürlichste auf der Welt für ein Kind, nachts allein durch den Wald zu streifen.
Ich blinzele ungläubig. Das kann nicht sein. Was macht ein Kind hier, mitten im Nirgendwo, mitten in der Nacht? Bin ich so erschöpft, dass ich schon Halluzinationen habe? Ich reibe mir die Augen, erwarte, dass die Erscheinung verschwindet, wenn ich sie wieder öffne. Doch das Mädchen ist immer noch da, kommt weiter auf mich zu.
Wie ein Blitz schießt plötzlich eine Erinnerung durch meinen Kopf – so lebhaft und klar, als wäre es gestern gewesen. Ich sehe mich selbst als kleinen Jungen, vielleicht acht oder neun Jahre alt. Es ist Sommer, die Luft ist erfüllt vom Summen der Insekten und dem Duft von frisch gemähtem Gras. Ich spiele im Garten unseres Ferienhauses, als ein Mädchen aus der Nachbarschaft herüberkommt.

Ihr Name war Lisa, erinnere ich mich. Sie trug ein blaues Sommerkleid und hatte lange blonde Zöpfe. Wir spielten den ganzen Nachmittag zusammen, bauten eine Festung aus Zweigen und Blättern im Gebüsch, jagten Schmetterlinge und erzählten uns Geheimnisse, wie es nur Kinder können.
Am Ende des Tages, als die Sonne unterging und der Himmel sich in ein leuchtendes Orange färbte, nahm Lisa meine Hand. Ihre Berührung war kühl und sanft. »Lass uns immer Freunde bleiben, ja?«, sagte sie ernst. Ich nickte eifrig, überzeugt davon, dass nichts uns je trennen könnte. Sie war meine erste Liebe, noch bevor ich wusste, was Liebe ist.
Doch das Schicksal hatte andere Pläne. Nur wenige Wochen später erreichte uns die schreckliche Nachricht: Lisa war bei einem Autounfall ums Leben gekommen. Die Erinnerung an diesen Tag hat sich wie eine Narbe in mein Gedächtnis gebrannt. Ich sehe wieder das versteinerte Gesicht meiner Mutter, als sie versucht, mir die Nachricht schonend beizubringen. Ich erinnere mich an die Beerdigung, an den kleinen weißen Sarg, die rosaroten Rosen, an die unerträgliche Traurigkeit, die alles zu ersticken schien.
Die Erinnerung verblasst, und ich finde mich wieder in der Gegenwart, verletzt und hilflos im nächtlichen Wald. Das Mädchen vor mir sieht Lisa so ähnlich, dass es mir den Atem verschlägt. Ist es möglich? Könnte sie es sein? Nein – das ist völlig ausgeschlossen. Lisa ist tot, und das seit über zwanzig Jahren.
»Hallo?«, flüstere ich. Meine Stimme klingt ungewohnt krächzend und heiservom langen Schweigen. »Wer bist du? Was machst du hier?«
Sie antwortet nicht, sieht mich nur weiter an. Ihr Blick ist unergründlich. Ihre Augen, groß und dunkel, scheinen das helle Mondlicht zu

reflekieren. In ihrem Blick liegt eine Weisheit, die mich erschaudern lässt. Kein Kind sollte so schauen. Nein, es ist nicht Lisa. Natürlich nicht.

»Bitte«, flehe ich, »kannst du mir helfen? Ich bin verletzt, ich habe mich verirrt. Weißt du, wie man zur Straße kommt?«

Noch immer keine Antwort. Das Mädchen ist nun so nah, dass ich die Sommersprossen auf ihrer Nase sehen kann, die zerzausten Haare, die ihr ins Gesicht fallen. Sie kniet sich neben mich, ihre Bewegungen geschmeidig und anmutig wie die einer Katze. Ich wage kaum zu atmen, als sie ihre Hand ausstreckt. Was hat sie vor? Will sie mich berühren? Mir helfen? Oder ist sie gar nicht real – nur ein Trugbild meines übermüdeten Geistes? Ihre kleine Hand legt sich auf meinen verletzten Knöchel, der immer noch pocht und schmerzt. Dann auf mein Knie. Ihre Berührung ist kühl, fast kalt, und doch durchströmt mich plötzlich eine Wärme, die von der Stelle ausgeht, wo ihre Haut mein Bein berührt. Langsam, ganz langsam, spüre ich, wie der Schmerz nachlässt, als würde er aus meinem Körper gesogen. Ich glaube fast zu sehen, wie die Schwellung und die Entzündung zurückgehen. Ich starre ungläubig auf mein Bein, dann auf das Mädchen.

»Wie …?«, beginne ich, doch die Worte bleiben mir im Hals stecken. Es ist, als hätte ich vergessen, wie man spricht. Zu überwältigt bin ich von dem, was gerade mit mir geschieht.

Nach einer Minute, die mir wie eine Ewigkeit erscheint, zieht das Mädchen ihre Hand zurück und steht auf. Ohne ein Wort, ohne einen letzten Blick, wendet sie sich ab und geht weiter in den Wald hinein. Ihre Schritte sind leise, fast lautlos auf dem weichen Waldboden.

»Warte doch!«, rufe ich ihr nach, meine Stimme nun klar und stark. »Bitte, wer bist du? Wie hast du das gemacht?«

Doch das Mädchen bleibt nicht stehen, verschwindet langsam zwischen den Bäumen. Ihr blaues Kleid scheint im Mondlicht zu schimmern, als wäre es aus einem magischen Stoff gewoben. Ich versuche aufzustehen, ihr zu folgen, doch eine plötzliche, überwältigende Müdigkeit erfasst mich. Meine Glieder werden schwer, meine Augenlider fallen zu.

»Warte …«, murmele ich noch, während ich auf das weiche Moosbett zurücksinke. »Bleib …«

Aber sie ist schon verschwunden, wie ein Traum beim Erwachen. Die Dunkelheit umfängt mich, sanft und warm diesmal, nicht bedrohlich wie zuvor. Der Wald um mich herum verschwimmt, die Geräusche werden gedämpft. Das weiche Moos unter mir fühlt sich an wie das bequemste Bett, in dem ich je gelegen habe, und ich überlasse mich der Nacht, die mich sanft umhüllt.

Als mein Bewusstsein schwindet, huscht noch einmal das Bild des Mädchens durch meinen Geist. Ihre großen, weisen Augen, das schimmernde blaue Kleid, ihre kühle, heilende Berührung. War sie real? Ein Engel? Eine Waldfee? Oder doch nur eine Illusion meines erschöpften Geistes? Ich weiß es nicht, und in diesem Moment spielt es auch keine Rolle mehr. Alles, was zählt, ist die heilsame Ruhe, die mich jetzt durchströmt. Mit einem letzten, langen Atemzug gleite ich in einen tiefen, traumlosen Schlaf, geborgen im Schoß des nächtlichen Waldes.

Während ich in den Schlaf hinübergleite, vermischen sich die Bilder des mysteriösen Mädchens mit den Erinnerungen an Lisa. Ich sehe sie beide vor mir, ihre Gesichter überlagern sich, verschmelzen zu einer einzigen

Gestalt. Sie lächeln mich an, ihre Augen voller Wärme und Verständnis. Mir scheint, dass sie mir etwas Wichtiges mitteilen wollen, etwas, das ich längst vergessen oder verdrängt habe.
Doch bevor ich die Botschaft entschlüsseln kann, werden meine Gedanken undeutlicher, verschwimmen wie Bilder unter Wasser. Ich sinke tief in einen erlösenden Schlaf, der mehr als nur Erholung verspricht: eine Reise, eine Rückkehr zu etwas, das ich lange Zeit aus den Augen verloren hatte.

Zweifel und Verzweiflung

Ich wache auf und bin völlig desorientiert. Die Sonne blinzelt durch die Baumkronen, und für einen kurzen Moment schaue ich mich ungläubig um. Weder weiß ich, wo ich bin, noch, wie ich hierhergekommen bin. Schlagartig fällt mir wieder alles ein. Der Sturz, die Schmerzen, die lange Nacht. Und vor allem dieses geheimnisvolle Mädchen.
Sie schien so real. Ich könnte schwören, dass all das wirklich passiert ist. Und doch muss es wohl ein Traum gewesen sein. Ein Produkt meiner erschöpften Fantasie, meines verzweifelten Wunsches nach Rettung. Aber immerhin war es ein schöner Traum, denn in ihm war mein Knöchel wieder in Ordnung. Ich seufze auf. Als ich den Fuß vorsichtig bewege, stocke ich. Kein Stechen. Kein Pochen. Kein Schmerz. Ungläubig teste ich ihn weiter. Alles scheint okay zu sein. Mit einem Ruck setze ich mich auf und betrachte verblüfft meinen Knöchel. Er ist weder angeschwollen noch verfärbt und sieht so aus, als wäre nie etwas gewesen. Und auch mein

Knie fühlt sich wie neu an. Ich strecke und beuge es ein paarmal – alles läuft wie geschmiert.
Wie ist das möglich? Wenn es nur ein Traum war – wie erklärt sich dann meine wundersame Heilung? Oder war ich etwa nie verletzt und habe auch den Sturz nur geträumt? Ich kann keinen klaren Gedanken mehr fassen. Die Grenze zwischen Traum und Wirklichkeit scheint hier im Wald zu verschwimmen.
Ein warmer Windhauch streift durch die Blätter, während ich mich an einen Traum erinnere, den ich vor einiger Zeit hatte. In diesem Traum saß ich in meinem Büro, alles schien völlig normal zu sein. Ich arbeitete an meinem Computer, führte Telefonate, wie sonst auch. Doch plötzlich kam mir der Verdacht, dass ich das alles nur träume.
Um sicherzugehen, machte ich einen Realitäts-Check. Ich sah auf meine Hände – sie sahen ganz normal aus. Ich las einen Satz in einem Dokument, schloss die Augen und las ihn erneut – er blieb unverändert. Ich schlug auf den Tisch. Alles war vollkommen realistisch und deutete darauf hin, dass ich wach war. Ich war überzeugt davon, dass dies die Wirklichkeit sein musste.
Und dann wachte ich auf.
Diese Erinnerung lässt mich nun zweifeln. Wie kann ich sicher sein, dass ich jetzt wirklich wach bin? Dass dieser Wald, meine Verletzung und wundersame Heilung nicht nur Teil eines komplexen Traumes sind? Und dass das Mädchen, dem ich in der Nacht begegnet bin, nicht nur geträumt war?
Vorsichtig stehe ich auf und teste mein Gewicht auf dem verletzten Bein. Was für ein Glück, ich habe keine Schmerzen. Ich kann gehen, kann mich bewegen, so als wäre nichts geschehen. Ein Gefühl der Erleichterung

durchströmt mich, gefolgt von einem Anflug von Euphorie. Was auch immer in der Nacht geschehen sein mag – ich habe jedenfalls eine neue Chance bekommen.
Die Euphorie währt allerdings nur kurz, denn Tatsache ist, dass ich immer noch nicht weiß, wo ich bin. Geschweige denn, wo die Straße, ein Rasthaus oder eine Tankstelle ist.
Ich blicke mich um, suche nach irgendeinem Anhaltspunkt, nach einer Spur, die vielversprechend erscheint. Aber der Wald sieht in alle Richtungen gleichermaßen abweisend aus. Dichte, knorrige Bäume recken ihre Äste wie abweisende Finger in den Himmel. Dichtes Unterholz versperrt die Sicht und auch die Felsen geben mir keine Orientierung. Nichts, was mir den Weg weisen könnte.
Ich habe kein Wasser, kein Essen. Wie lange kann ein Mensch eigentlich ohne Nahrung überleben? Drei Wochen, glaube ich mal gelesen zu haben. Aber ohne Wasser? Viel kürzer.
Mir fällt der Pilz ein, den ich mir irgendwann in die Hosentasche gestopft habe. Wahrscheinlich nur noch Matsch. Aber als ich in meine Tasche greife, spüre ich, dass der Pilz es gut überstanden hat. Ich betrachte ihn skeptisch. Ob ich den einfach so essen kann? Ich gehe mal davon aus, dass mir der Pilzmann keinen giftigen Pilz gegeben hat – aber ob man Pilze roh essen kann? Keine Ahnung. Andererseits habe ich wirklich verdammt großen Hunger. Vorsichtig nibble ich ein wenig. Gar nicht schlecht. Ich wage einen größeren Bissen – schmeckt prima. Aber dann kommen mir doch Bedenken. Fühlt sich mein Magen vielleicht etwas komisch an? Spüre ich da einen Anflug von Übelkeit und wie das Pilzgift gerade meine Leber zersetzt?

Ich zwinge mich, ruhig zu atmen. Wahnvorstellungen werden mir jetzt auch nicht helfen. Ich muss einen klaren Kopf bewahren, logisch denken. Der Pilz war in Ordnung. Er hat gut geschmeckt. Mir fehlt nichts. Meiner Leber geht's prima.
Mit diesem Gedanken fasse ich einen Entschluss. Ich werde nicht einfach blindlings loslaufen. Ich werde mir die Zeit nehmen, um nachzudenken. Mit einem klaren Kopf muss es doch möglich sein, eine Lösung zu finden. Vielleicht finde ich so nicht nur den Weg aus dem Wald, sondern auch Antworten auf Fragen, die ich mir schon lange nicht mehr gestellt habe.
Ich setze mich auf einen umgestürzten Baumstamm, atme tief durch und beginne, meine Situation zu überdenken. Der Wald um mich herum ist still, nur das gelegentliche Zwitschern eines Vogels durchbricht die Ruhe. Es ist, als würde die Natur mir Raum geben, mich selbst wiederzufinden.
Und so sitze ich da, verloren und dennoch zuversichtlich. Was auch immer der Tag bringen mag – ich bin bereit, mich ihm zu stellen.

Seit mein Bein wieder schmerzfrei funktioniert, keimt ein bisschen Hoffnung in mir auf. Ich werde schon irgendwann auf eine Straße stoßen, wenn ich einfach konsequent immer in eine Richtung weitergehe. Ich bin ja schließlich nicht in der Wildnis, sondern in Bayern. Der Wald mag groß sein, aber es ist nicht der Amazonas. Früher oder später finde ich hier raus!

Mit neuem Optimismus mache ich mich auf den Weg. Die Morgensonne tröpfelt durch das Blätterdach und taucht den Wald in ein sanftes, grünes Licht. Es ist friedlich hier, fast schon idyllisch. Für einen Moment genieße ich meinen Waldspaziergang und vergesse ganz, dass ich in einer Notlage bin.

Während ich durch den friedlichen Wald wandere, bemerke ich Details, die mir zuvor entgangen sind. Das weiche Moos unter meinen Füßen, der erdige Geruch des Waldbodens, das Flüstern der Blätter im Wind. In der Ferne höre ich ein leises Plätschern. Ich folge dem Geräusch und stoße schon bald auf einen kleinen Wasserlauf, der sich an einer Stelle zu einem ruhigen Becken weitet. Das Wasser ist kristallklar, ich kann jeden einzelnen Kieselstein auf dem Grund sehen. Ohne zu zögern, knie ich mich hin und trinke. Das Wasser ist das beste, das ich je geschmeckt habe – kalt, frisch und rein.

Als ich mein Spiegelbild im Wasser sehe, schrecke ich zurück. Meine Haare sind zerzaust, mein Gesicht schmutzig und zerkratzt. Mein teurer Anzug ist zerrissen und voller Flecken. Ich sehe aus wie ein Wilder. Wenn mich meine Kollegen jetzt sehen könnten! Unwillkürlich muss ich laut auflachen. Es klingt seltsam im stillen Wald.

Erstaunlicherweise stört mich mein Aussehen nicht. Im Gegenteil, ich fühle mich irgendwie ... befreit. Als hätte ich eine Maske abgelegt, die ich schon viel zu lange getragen habe. Hier im Wald spielt es keine Rolle, wie ich aussehe oder welchen Titel ich habe. Hier bin ich einfach nur ein Mensch, ein Teil der Natur, wie alles andere um mich herum.

Ich folge dem Bach. Während ich gehe, lasse ich meinen Gedanken freien Lauf. Seit ich im Wald verloren bin, erscheint mir mein bisheriges Leben so bedeutungslos. Das Geld auf meinem Konto. Der Titel auf meiner Visitenkarte. Die Erwartungen meiner Eltern. Kann man das wirklich »Erfolg« nennen? Sind nicht innere Zufriedenheit und Erfüllung auch wichtige Aspekte echten Erfolgs?

Ich denke an die Menschen in meinem Leben. Daran, dass meine Eltern mich nie gefragt haben, ob ich eigentlich glücklich bin. Daran, dass ich meine Kollegen meist als Konkurrenten, und nie als Mitstreiter empfunden habe. Jenny fällt mir ein, meine junge Sekretärin, die ich heute Morgen ... ach nein, das ist ja schon zwei Tage her! ... so unfair behandelt habe. Und ich denke an Lisa, das Mädchen aus meiner Kindheit, und an die geheimnisvolle Erscheinung der letzten Nacht.

Der Bach wird breiter, sein Plätschern lauter. Ich folge ihm weiter, meine Gedanken so fließend wie das Wasser neben mir. Mit jedem Schritt fühle ich mich leichter, als würde ich einen Teil der Last abwerfen, die ich so lange mit mir herumgetragen habe.

Plötzlich sehe ich eine mächtige alte Eiche – ihre Äste weit ausgebreitet wie schützende Arme. Die anderen Bäume scheinen ehrfürchtig ein wenig Abstand zu halten. Ich fühle mich auf eine seltsame Weise zu diesem Baum hingezogen, als würde er mich rufen.

Ich setze mich in seinen Schatten und lehne mich an den rauen Stamm. Wie alt mag dieser Baum wohl sein? Zweihundert Jahre? Fünfhundert? Tausend Jahre? Wie viele Stürme mag er überstanden haben, wie viele Jahreszeiten kommen und gehen sehen? Und noch immer steht er fest verwurzelt – ein Zeuge der Zeiten, stark und unerschütterlich.

In diesem Moment überkommt mich eine große Ruhe. Ich spüre den Boden unter mir, die Rinde an meinem Rücken, den Wind auf meiner

Haut. Ich höre das Rauschen der Blätter, den Gesang der Vögel, das ferne Plätschern des Baches. Ich rieche den Duft von Moos und Erde und frischem Grün. Vielleicht ist es ja genau das, was ich gebraucht habe. Zeit für mich. Endlich einmal etwas Zeit, um wirklich zu sehen, zu hören, zu fühlen – um einfach nur sein zu dürfen, ohne andauernd etwas zu müssen.

Ich schließe die Augen und atme tief ein. Die Luft hier ist so rein, so klar. Mit jedem Atemzug fühle ich, wie sich etwas in mir löst. Die Anspannung in meinen Schultern, die Enge in meiner Brust, der Knoten in meinem Magen – mein ganzer Körper beginnt sich zu entspannen.

Wie lange sitze ich schon hier? Minuten? Stunden? Die Zeit scheint stillzustehen. Ein intensives Gefühl der Verbundenheit durchströmt mich, lässt mich mit Baum und Wald verschmelzen – ich könnte für immer hier sitzen bleiben.

Aber natürlich weiß ich, dass ich weitergehen muss. Zugleich erkenne ich jedoch auch, wie wunderbar und lehrreich mein unerwarteter Weg durch diesen geheimnisvollen Wald bisher war. Etwas Wesentliches hat sich in mir verändert. Ich kann nicht genau sagen, was es ist. Aber die verzweifelte Eile, die mich vorher antrieb, ist verschwunden. Stattdessen spüre ich eine ruhige Entschlossenheit.

Auch wenn ich meinen Weg fortsetzen und aus dem Wald herausfinden muss – ich werde mich nicht länger von Angst oder Panik beherrschen lassen. Dieser Wald ist nicht mein Feind. Er ist viel mehr als nur ein Hindernis, das es zu überwinden gilt. Er ist ein Lehrer für mich geworden. Ich nehme mir vor, mich von nun an auf alles einzulassen, was er mir zeigen will.

Ich stehe auf und strecke mich. Trotz der Strapazen der letzten Tage fühlt sich mein Körper geschmeidig und stark an. Ich werfe einen letzten Blick auf die alte Eiche, dankbar für die Ruhe und Kraft, die sie mir geschenkt hat.

Dann mache ich mich wieder auf den Weg, folge weiter dem Bach.

Meine Schritte sind jetzt langsamer, bedachter. Ich nehme mir mehr Zeit, meine Umgebung wirklich wahrzunehmen. Die verschiedenen Grüntöne der Blätter, die Muster der Rinden an den Bäumen, all die kleinen Lebewesen, die geschäftig über den Waldboden huschen.

Während ich behutsam über schimmernde Moosteppiche schreite, denke ich darüber nach, was ich in meinem Leben so alles ändern sollte, wenn ich aus diesem Wald herauskomme. Ich werde mehr Zeit in der Natur verbringen – so viel ist sicher. Ich will lernen, die kleinen Dinge in Zukunft mehr zu schätzen. Und noch eines ist mir klargeworden: Die Schwierigkeiten, die ich bisher in meinen Beziehungen hatte, haben viel mehr mit meiner inneren Einstellung zu tun, als ich bisher angenommen hatte. Ich werde versuchen, die Menschen um mich herum in Zukunft nicht länger als Statisten anzusehen – sie weniger zu verurteilen und besser zu verstehen.

Ich muss dringend meine Definition von Erfolg überdenken. Vielleicht bedeutet wahrer Erfolg nicht, ständig neue Karrierestufen zu erklimmen, an der Spitze zu stehen, sondern im Einklang mit sich selbst und der Welt zu sein. Vielleicht geht es gar nicht darum, immer mehr zu haben, sondern darum, mit dem, was man hat, zufrieden zu sein. Nicht darum, immer höher zu klettern, sondern darum, immer tiefer in das Leben einzutauchen.

So gut und so richtig sich meine Gedanken anfühlen – ich habe meine Zweifel, dass Gewohnheiten und Denkmuster eines ganzen Lebens sich von einem Tag auf den anderen ändern lassen. Es scheint mir unmöglich zu sein. Oder zumindest sehr schwierig. Dennoch bin ich entschlossen, es wenigstens zu versuchen.

Der stumme Wanderer

Inzwischen habe ich jegliches Gefühl für Zeit verloren. Bin ich wirklich erst vor zwei Tagen in München abgefahren? Mir kommt es viel länger vor. Es *muss* doch nun irgendwann eine Straße oder wenigstens ein Waldweg auftauchen. Als ich vorgestern den Wald betrat, war ich mir sicher, eine Abkürzung zu nehmen. Aber der Wald scheint einfach endlos zu sein – ein grünes Labyrinth ohne Ausgang. Die Bäume ragen hoch über mir auf, viel höher als Bäume eigentlich sein sollten. Ihre Kronen verschmelzen zu einem dichten Blätterdach, das jetzt nur noch vereinzelt Sonnenstrahlen durchlässt.

Meine Füße schmerzen vom stundenlangen Marsch über unebenen Boden, mein Magen knurrt vor Hunger. Wie lange bin ich schon unterwegs? Zwei Tage? Oder sind es schon drei? Oder noch länger?

Gerade als ich kurz davor bin, die Hoffnung vollends aufzugeben, sehe ich etwas, das mein Herz schneller schlagen lässt: Eine Bewegung zwischen

den Bäumen, eine Gestalt, die sich von der Umgebung abhebt. Ein Mensch!
Es ist ein Mann, gekleidet in einen langen, grauen Umhang, der bis zu seinen Füßen reicht. Er bewegt sich mit einer Anmut und Sicherheit durch den Wald, als wäre er ein Teil davon. Sein Gang ist ruhig und gleichmäßig, jeder Schritt scheint mit Bedacht gesetzt. Lang und silbrig fällt sein Haar ihm in sanften Wellen über die Schultern. Sein Bart ist ebenso grau und reicht ihm bis zur Brust. In seiner rechten Hand hält er einen langen Stab. Der graue Umhang flattert sanft im leichten Wind, und ich muss unwillkürlich an Gandalf denken – den Zauberer aus »Herr der Ringe«. Dieser Gedanke ist so absurd und gleichzeitig so passend, dass sich ein Lächeln auf mein Gesicht stiehlt. Fehlt nur noch, dass ein paar Hobbits, Elben oder Zwerge hinter den Bäumen auftauchen. Oder gar Orks. Kurz ist mir, als wäre ich in einem Fantasyfilm gelandet.
Das Gesicht von »Gandalf« kann ich nicht erkennen, aber etwas an seiner Haltung, an der Art, wie er sich bewegt, strahlt eine tiefe Weisheit und Ruhe aus. Es ist, als würde er nicht einfach durch den Wald gehen, sondern mit ihm kommunizieren, jeder Schritt ein stiller Dialog mit der Natur um ihn herum.
Ohne zu zögern, rufe ich ihm zu: »Hallo! Können Sie mir helfen?«
Doch der graue Wanderer scheint mich nicht zu hören. Er geht unbeirrt weiter, sein Blick nach vorn gerichtet, als wäre er auf ein Ziel fixiert, das nur er sehen kann. Ich reibe mir die Augen. Vielleicht bilde ich ihn mir ja nur ein. Doch als ich sie wieder öffne, sehe ich ihn immer noch.
Ich muss unbedingt mit ihm sprechen. Was, wenn er verschwindet, bevor ich ihn erreichen kann? Was, wenn er meine einzige Chance ist, aus

diesem Wald herauszukommen? Ich beginne zu laufen, so schnell meine müden Beine mich tragen.

»Warten Sie doch!«, rufe ich, während ich über Wurzeln stolpere und durch das Unterholz breche. Aber egal, wie sehr ich mich auch anstrenge, ich scheine ihm kein bisschen näherzukommen. Es kommt mir vor, als würde eine unsichtbare Kraft den Abstand zwischen uns konstant halten.

Jetzt merke ich, wie untrainiert ich bin. Das bisschen Herumgehampel im Fitnessstudio ist der einzige Sport, den ich mache. In der Firma stapelt sich immer viel zu viel Arbeit, als dass ich die Zeit hätte, mich um meine Fitness zu kümmern. Ich hetze dem grauen Wanderer atemlos hinterher. Die Luft brennt in meinen Lungen und mein Herz hämmert wie verrückt. Schweiß rinnt mir in die Augen, verschleiert meine Sicht.

Mit letzter Kraft schreie ich: »Wo geht es hier aus dem Wald? Bitte!«

Endlich, eine Reaktion! Der graue Wanderer bleibt stehen. Hoffnung keimt in mir auf. Wird er mit mir sprechen? Nein. Er sagt kein Wort. Ohne sich umzudrehen, hebt er nur langsam seinen Arm und weist mit dem Finger in eine Richtung.

Die Geste ist so präzise, so eindeutig, dass mir für einen Moment der Atem stockt. Mir ist, als würde der gesamte Wald verstummen, als wäre die Zeit eingefroren. Nur der ausgestreckte Arm des Wanderers, sein Finger, der in die Ferne zeigt, scheinen real zu sein.

»Können Sie mir nicht sagen, wo die Straße ist?«, rufe ich noch einmal, meine Stimme heiser und verzweifelt.

Doch der graue Wanderer setzt sich wieder in Bewegung. Sein Schritt ist unverändert ruhig und gleichmäßig, als hätte er nie angehalten. Ich sehe frustriert zu, wie er zwischen den Bäumen verschwindet. Seine Gestalt verschwimmt mit den Schatten des Waldes, bis er nicht mehr zu sehen ist. Was war das gerade? Ich lehne mich keuchend und verwirrt an einen Baumstamm und frage mich, ob ich langsam den Verstand verliere. War der graue Wanderer real oder nur ein Bild, das mir mein Gehirn vorgaukelt? So etwas wie eine Fata Morgana? Und wenn es ihn tatsächlich gab, warum hat er dann nichts gesagt? Warum hat er mir nicht geholfen?

Fragen über Fragen wirbeln durch meinen Kopf, während ich versuche, mich zu beruhigen und meine Gedanken zu ordnen. Die Stille des Waldes umhüllt mich wieder, nur unterbrochen von meinem immer noch keuchenden Atem und dem gelegentlichen Zwitschern eines Vogels.

Ich stehe vor einer Entscheidung. Soll ich versuchen, dem grauen Wanderer nachzulaufen? Oder soll ich seinem Fingerzeig folgen? Beides birgt Risiken. Wenn ich dem Wanderer folge, verirre ich mich vielleicht noch mehr – außerdem sehe ich ihn sowieso schon gar nicht mehr. Andererseits ist er der einzige Mensch weit und breit und vielleicht meine einzige Chance, je wieder aus diesem verzauberten Wald herauszukommen. Wenn ich andererseits jedoch seinem Fingerzeig vertraue, vertraue ich damit vielleicht einem Gespenst oder einer Halluzination. Was, wenn in dieser Richtung nur noch mehr endloser Wald liegt? Oder wenn es gar eine Falle ist?

Ich schüttle den Kopf über diesen absurden Gedanken. Eine Falle? Von wem denn? Dem mysteriösen Wanderer? Dem Wald selbst? Ich muss langsam aufpassen, dass meine Fantasie nicht mit mir durchgeht.

Während ich noch über meine Optionen nachdenke, lasse ich meinen Blick über die Umgebung schweifen. Überall das gleiche Bild. Wohin ich auch schaue – riesige Bäume, Unterholz, hier und da ein Felsen oder ein umgestürzter Baumstamm und endlose Moosteppiche. Nichts deutet auf einen Weg oder eine Richtung hin, die vielversprechender wäre als eine andere. Als ich jedoch genauer hinsehe, fällt mir etwas auf. Da ist etwas Undefinierbares, das meine Aufmerksamkeit erregt. In der Richtung, in die der graue Wanderer gezeigt hat, meine ich einen leichten Unterschied in der Vegetation zu erkennen. Ist das Unterholz dort weniger dicht? Scheint das Licht dort anders durch die Bäume? Ich kneife die Augen zusammen. Jetzt sehe ich es deutlich – eine kaum merkliche, aber doch unverkennbare Veränderung in der Ferne. Es ist, als würde der Wald selbst mir einen Hinweis geben, eine sanfte Einladung, dieser Richtung zu folgen.

Plötzlich fällt mir etwas ein, das mein Großvater mir einmal erzählt hat. Ich erinnere mich kaum mehr an ihn. Er starb, als ich neun Jahre alt war. Großvater war ein leidenschaftlicher Wanderer und kannte die Wälder wie seine Westentasche. »Wenn du dich jemals im Wald verirrst«, hatte er mir einmal bei einem Waldspaziergang gesagt, »dann vertraue deinem Herzen. Der Wald spricht zu dir, du musst nur lernen, ihm zuzuhören.«

Damals erschien mir alles, was mein Großvater sagte, weise und wichtig zu sein – und ich war ganz andächtig auf unserer Wanderung gewesen, denn ich wollte den Wald sprechen hören. Als ich dann älter wurde und Großvater nicht mehr lebte, kamen mir seine Worte eher wie ein Märchen vor, mit dem er seinen Enkel beeindrucken wollte. Doch jetzt, hier in diesem scheinbar endlosen Wald, bekommen sie plötzlich eine neue Bedeutung.

Vielleicht war der graue Wanderer genau das – die Sprache des Waldes. Ein Wegweiser, den mir mein Unterbewusstsein geschickt hat. Vielleicht

ist es an der Zeit, dass ich aufhöre, alles kontrollieren und verstehen zu wollen, und anfange, meiner Intuition zu vertrauen.
Mit einem tiefen Atemzug fasse ich einen Entschluss. Ich werde dem Fingerzeig des Wanderers folgen. Es mag verrückt erscheinen, aber irgendwie fühlt es sich richtig an. Bevor ich losgehe, blicke ich noch einmal in die Richtung, in der der graue Wanderer verschwunden ist. »Danke«, flüstere ich, auch wenn ich nicht sicher bin, wem oder was ich eigentlich danke. Dem Wanderer? Dem Wald? Meinem eigenen Herzen?
Dann drehe ich mich um und beginne in die Richtung zu gehen, in die er gezeigt hat.
Vor meinem Abenteuer im Wald war ich ständig auf der Jagd nach Erfolg und Anerkennung, immerzu im Stress. Ich hielt mich für einen rationalen, vernünftigen Geschäftsmann. Für Hirngespinste und Fantasien hatte ich keine Zeit. Effektivität war mein oberstes Gebot. Im Nachhinein wundert es mich nicht, dass ich den Zugang zu meiner Intuition gänzlich verloren habe. Wie taub war ich für die leisen Stimmen in mir geworden, die mir einen anderen Weg zeigen wollten?
Vielleicht ist das ja die wahre Lektion, die ich aus der Begegnung mit dem Wanderer ziehen sollte: Dass es Zeit ist, wieder mehr auf meine innere Stimme zu hören. Dass es okay ist, nicht ständig alles im Griff zu haben. Und dass sich der Weg wohl oft erst dann zeigt, wenn wir bereit sind, uns ganz hinzugeben.
Mit jedem Schritt, den ich mache, fühle ich mich ein wenig leichter. Als hätte die Begegnung mit dem grauen Wanderer eine Last von meinen Schultern genommen – eine Last, die ich schon so lange mit mir herumgetragen habe, dass ich sie gar nicht mehr wahrgenommen habe. Mag

der graue Wanderer auch stumm gewesen sein, seine Botschaft war doch klar und deutlich: Es liegt an mir, meiner Intuition zu folgen – egal ob sie nun als Traum, als Gefühl, als geheimnisvolles Mädchen oder als alter Zauselbart in Erscheinung tritt. Mit diesem Gedanken setze ich meinen Weg fort, gespannt darauf, was der Wald und das Leben als Nächstes für mich bereithalten.

Ich halte inne und blicke zurück. Der Weg, den ich eingeschlagen habe, führt mich tiefer in den Wald hinein. Die Bäume scheinen dichter zu werden, die Schatten länger. Ob es wirklich klug war, dem Fingerzeig dieses stummen Voralpen-Gandalf zu folgen?

Die Zweifel, die ich vor Kurzem noch beiseitegeschoben hatte, kehren mit voller Wucht zurück. Menschen zu vertrauen – das war noch nie meine Stärke. Und mein Misstrauen hat mich weit gebracht. In der Geschäftswelt, in der ich mich bewege, ist Vertrauen ein Luxus, den man sich nicht leisten kann. Jeder ist auf seinen eigenen Vorteil bedacht, jeder verfolgt seine eigenen Ziele. Wer da zu vertrauensselig ist, geht schnell vor die Hunde.

Ich erinnere mich an meine ersten Tage in der Firma. Anfangs war ich noch ziemlich naiv. Ich kam frisch von der Uni, voller Ideale und Tatendrang. Schon am ersten Tag traf ich Harry, meinen ersten Kollegen. Er war gleich so etwas wie ein Freund, zeigte mir die Abläufe, gab mir Tipps. Ich war so dankbar für seine Hilfe, vertraute ihm blind.

Bis zu dem Tag, an dem ich zufällig mitbekam, wie er in einem Meeting meine Ideen als seine eigenen präsentierte. Die Anerkennung, seine Beförderung, die darauf folgte – alles baute auf meiner Arbeit auf. Ich war am Boden zerstört, fühlte mich verraten. Und ich wusste, dass ich nichts unternehmen konnte. Ich würde nur als Quertreiber und Angeber gelten. Ich hatte schließlich keine Beweise. Wenn Harry alles abstritt – und das würde er zweifellos tun –, dann würde ich als Idiot dastehen. Aber immerhin war es eine wertvolle Lektion: Vertraue niemandem im Geschäftsleben.

Nicht, dass ich davor großes Vertrauen zu anderen Menschen gehabt hätte. Misstrauen begleitete mich schon von Kindheit an. Vater hielt Gefühle für Schwäche. »Die Welt ist hart, Junge«, pflegte er zu sagen. »Du musst härter sein.« Vater trichterte mir ein, immer auf der Hut zu sein, niemals meine Schwächen zu zeigen. Vertrauen war in seinen Augen eine solche Schwäche.

Und in gewisser Weise hatte er gar nicht so unrecht. Ich erinnere mich an ein Erlebnis, als ich etwa zehn Jahre alt war. In der Schule hatte ich einen besten Freund, Michael. Wir waren unzertrennlich, teilten alles miteinander. Eines Tages vertraute ich ihm ein Geheimnis an – ich hatte die teure Vase meiner Mutter zerbrochen und die Scherben unter dem Sofa versteckt. Am nächsten Tag wusste es die ganze Klasse, und am Abend erwartete mich zu Hause ein tobender Vater.

»Siehst du«, sagte er, nachdem er mich ausgeschimpft und bestraft hatte, »das passiert, wenn du anderen vertraust. Sie werden deine Schwächen gegen dich verwenden. Merk dir das, Junge.«

Ich habe es mir gemerkt. Zu gut vielleicht.

Und jetzt irre ich hier im Wald herum, halluziniere von Elfenmädchen und Waldzauberern. Das sieht dem, was ich mir unter Wahnsinn vorstelle, schon verdammt ähnlich. *Vielleicht*, denke ich, *ist es einfach an der*

Zeit, etwas Neues zu wagen. Wenn ich mich so umsehe, wird mir schnell klar, dass all meine bisherigen Strategien, meine Vorsicht und mein Misstrauen mich nicht besonders weit gebracht haben.

Als Kind musste ich Klavierspielen lernen. Aber dieses Müssen hat mir dann doch viel Spaß gemacht. Mein alter Musikprofessor war einer der wenigen Menschen, denen ich je wirklich vertraut habe. »Mein Lieber«, sagte er einmal zu mir, »manchmal musst du loslassen, um vorwärtszukommen. In der Musik wie im Leben.«

Damals habe ich seine Worte zwar respektiert, aber nicht verstanden. Vielleicht wollte ich sie auch gar nicht verstehen. Loslassen bedeutete für mich immer, die Kontrolle aufzugeben. Und Kontrolle war das, woran ich mich klammerte.

Aber jetzt, hier im Wald, wo alle meine gewohnten Kontrollmechanismen versagt haben, beginne ich zu begreifen, was er meinte. Vielleicht ist es an der Zeit, loszulassen. Die alten Muster, die alten Ängste, das eingeimpfte Misstrauen – vielleicht muss ich das alles erst hinter mir lassen, um einen Ausweg aus diesem Labyrinth zu finden.

Während ich so dahingehe, kommen Erinnerungen in mir hoch. Ich erinnere mich an einen Sommertag, als ich vielleicht acht oder neun Jahre alt war. Mein Großvater hatte mich mit zum Angeln genommen, an einen kleinen See am Rande unserer Stadt. Es war eines der wenigen Male, dass ich ihn ganz für mich allein hatte, ohne meine Eltern.

Großvater war ein Mann von wenigen Worten, aber an diesem Tag schien er gesprächiger als sonst. Während wir geduldig auf einen Fang warteten, erzählte er mir Geschichten aus seiner Jugend, von seinen Abenteuern und den Lektionen, die er gelernt hatte.

»Weißt du, Junge«, sagte er plötzlich, während er bedächtig seine Pfeife stopfte, »das Leben ist wie dieser See hier. Manchmal ruhig und klar, manchmal aufgewühlt und trüb. Aber egal, wie es aussieht, unter der Oberfläche ist immer Leben. Man muss nur Geduld haben und darauf vertrauen, dass es sich zeigt.«

Ich nickte eifrig, auch wenn ich nicht wirklich verstand, was er meinte. Ich dachte, er meinte die Fische. Aber ich vertraute meinem Großvater bedingungslos. Er war in meinen Augen der weiseste Mensch auf der Welt.

Plötzlich zuckte meine Angelrute. »Ich glaube, ich habe etwas!«, rief ich aufgeregt. Großvater lächelte nur und nickte mir zu. »Na los, zieh ihn raus!«

Ich zog und zerrte, aber der Fisch schien stärker zu sein als ich. Meine Arme schmerzten, und ich war kurz davor, aufzugeben. »Ich kann nicht«, keuchte ich.

»Doch, du schaffst es«, sagte Großvater ruhig. »Vertrau dir selbst. Du bist stärker, als du denkst.«

Seine Worte gaben mir neue Kraft. Mit einem letzten Ruck zog ich die Angelschnur aus dem Wasser – und am Ende hing der größte Fisch, den ich je gesehen hatte. Ich war überglücklich und so stolz auf mich selbst.

Als wir den Fisch später gemeinsam zubereiteten und aßen, sagte Großvater: »Siehst du, das ist die Macht des Vertrauens. Vertraue dem Leben, vertraue anderen, aber vor allem vertraue dir selbst. Dann wirst du Dinge erreichen, die du nie für möglich gehalten hättest.«

Diese Erinnerung lässt mich lächeln. Wie hatte ich das nur vergessen können? Dieses Gefühl von Vertrauen, von innerer Stärke? Irgendwo auf dem Weg zum Erwachsenwerden, zum Erfolg, hatte ich es verloren. Aber jetzt, hier im Wald, spüre ich es wieder. Dieses warme Gefühl in meiner Brust, diese Gewissheit, dass alles gut werden wird.

Ich gehe beschwingt weiter. Und unfassbar: Nach ein paar Minuten schon stoße ich auf einen Pfad. Es ist zwar kein befestigter Waldweg, aber doch eindeutig ein Pfad, der sich durch das Unterholz windet.

Mein Herz macht einen Sprung vor Freude. Hatte ich nicht genau darauf gehofft? Ein Zeichen, dass ich auf dem richtigen Weg bin? Ich bleibe einen Moment stehen und betrachte den Pfad. Er ist schmal und gewunden, kaum mehr als ein Trampelpfad, aber immerhin. Ohne zu zögern, folge ich dem Pfad. Er schlängelt sich durch das Unterholz. Die Vegetation verändert sich subtil. Die Bäume stehen nicht mehr ganz so dicht, und zwischen ihnen wachsen nun Büsche mit leuchtend roten Beeren. Ob das Himbeeren sind? Allein der Gedanke an diese süßen, saftigen Früchte erinnert mich daran, wie lange ich schon nichts mehr gegessen habe, und lässt meinen Magen knurren.

Vorsichtig pflücke ich eine der Beeren und betrachte sie genau. Sie sieht aus wie eine Himbeere, riecht auch so. Aber kann ich meinem Urteil trauen? In meinem alten Leben hätte ich sie weggeworfen, zu groß wäre die Angst gewesen, mich zu vergiften. Doch jetzt? Was soll's! Ich schließe die Augen, atme tief durch und führe die Beere zum Mund.

Der Geschmack explodiert förmlich auf meiner Zunge. Süß und saftig, mit einer leichten Säure. Die Himbeere schmeckt wie die köstlichste Frucht, die ich je gegessen habe. Ich kann nicht anders, ich muss lachen. Laut und frei, wie schon seit Jahren nicht mehr.

Ermutigt durch dieses kleine Abenteuer, wandere ich weiter. Der Pfad führt mich bergauf, und ich merke, wie meine Muskeln zu brennen beginnen. Aber es ist ein willkommenes Brennen, das Gefühl, lebendig zu sein. Ich genieße die Anstrengung, den Schweiß auf meiner Stirn, den rhythmischen dumpfen Klang meiner Schritte auf dem weichen Waldboden. Die Erschöpfung der letzten Tage macht sich aber langsam doch bemerkbar. Es ist eine angenehme Müdigkeit. Ich setze mich, schließe die Augen und lausche den Geräuschen des Waldes. Dem sanften Rauschen der Blätter im Wind, dem fernen Ruf eines Vogels, dem leisen Summen der Insekten.

Als ich die Augen öffne, blicke ich nach oben in die ausladende Krone des Baumes. Sonnenlicht fällt durch die Blätter und erzeugt ein faszinierendes Spiel von Licht und Schatten. Es erinnert mich an ein Kaleidoskop, das ich als Kind hatte. Jede Drehung brachte ein neues, wunderschönes Muster hervor.

Vielleicht ist das Leben genauso, denke ich. Jede Erfahrung, jede Entscheidung dreht das Kaleidoskop ein Stück weiter und zeigt einem neue Möglichkeiten, neue Perspektiven. Es liegt an uns, diese Schönheit zu erkennen und zu würdigen.

Mit diesem Gedanken stehe ich auf. Mühelos. Meine Glieder fühlen sich stark und erfrischt an, als hätte ich nicht nur meinen Körper, sondern auch meine Seele ausgeruht. Der Pfad schlängelt sich weiter durch den Wald.

Ich denke an all die Menschen in meinem Leben, denen ich misstraut habe. An die verpassten Gelegenheiten, die verschlossenen Türen. Wie anders wäre mein Leben verlaufen, wenn ich offener gewesen wäre? Wenn ich dem Jungen in mir erlaubt hätte, trotz der harten Lektionen an das Gute in den Menschen zu glauben?

Es ist zu spät, diese Entscheidungen rückgängig zu machen. Aber es ist nicht zu spät, neue zu treffen.
Während ich so darüber nachdenke, bemerke ich, dass der Pfad vor mir sich verändert hat. Er ist nicht mehr nur ein vager Trampelpfad, sondern wird zunehmend deutlicher. Als hätte meine Entscheidung, vorwärtszugehen, den Weg erst erschaffen.
Ich bleibe kurz stehen und blicke zurück. Der Wald hinter mir erscheint dichter, dunkler. Als würde er sich hinter mir schließen, mir den Rückweg versperren. Seltsamerweise beunruhigt mich dieser Gedanke nicht. Im Gegenteil, er bestärkt mich in meiner Entscheidung, vorwärtszugehen.

Die Hütte in der Mitte des Waldes

Der Pfad schlängelt sich weiter durch den Wald, und mit jedem Schritt wächst meine Zuversicht. Das Unterholz lichtet sich allmählich, und ich spüre, dass sich etwas verändert. Die Luft wird frischer, der Wald heller. Plötzlich öffnet sich vor mir eine kleine Lichtung, und ich bleibe wie angewurzelt stehen.

Vor mir steht eine alte Hütte, so unerwartet und märchenhaft, dass ich für einen Moment glaube, ich hätte den Verstand verloren. Eine Hütte mitten im Wald? Das kann doch nicht sein.

Erstaunlich, dass diese Leute eine Baugenehmigung dafür bekommen haben, ist das Erste, was mir in den Sinn kommt. Als ob das jetzt wichtig wäre ... Ich schüttle den Kopf über mich selbst. Jahrelang habe ich mich mit Bauvorschriften, Genehmigungsverfahren und rechtlichen Grauzonen herumgeschlagen, und jetzt, wo ich seit Tagen durch den Wald irre, ist das meine erste Reaktion auf dieses Zeichen Erleichterung

durchflutet mich. Menschen! Ich bin gerettet! Die Hütte sieht eindeutig bewohnt aus – warmes Licht schimmert durch die kleinen Fenster, und aus dem Schornstein steigt eine dünne Rauchfahne auf.
Je länger ich das Häuschen betrachte, desto märchenhafter erscheint es mir. Es könnte glatt aus einem Kinderbuch herausgerutscht sein. Von außen wirkt es bescheiden und einladend, mit einem strohgedeckten Dach und blühenden Kletterpflanzen an den Wänden. Der verwunschene Garten davor ist voller duftender Kräuter und bunter Wildblumen.
Die Hütte ist von knorrigen Eichen und Buchen umgeben, deren Äste sich schützend über das Dach strecken. Die Grundmauern sind raue, graue Feldsteine, die aussehen, als hätten sie schon seit Jahrhunderten Wind und Wetter getrotzt. Das steile Dach ist mit goldbraunem Stroh gedeckt, das an den Rändern leicht überhängt. Es sieht freundlich und gemütlich aus. Auf dem First des Daches sitzt ein kleiner, hölzerner Wetterhahn, der sich leise im Wind dreht.
Die Fenster sind klein und rund, mit bleigefassten Butzenscheiben, die im Sonnenlicht wie bunte Edelsteine funkeln. Geranien und duftende Kräuter schmücken die Fensterbänke. Efeu rankt sich an einer Seite des Hauses empor und liegt wie ein natürlicher Vorhang über den Fenstern. An der anderen Seite schlängelt sich eine alte, knorrige Weinrebe nach oben – ihre Blätter leuchten in verschiedenen Farbtönen.
Der Weg zur Haustür schlängelt sich durch den verwunschenen Garten. Wilde Rosen, Lavendel und Thymian säumen den Pfad aus alten, abgetretenen Steinplatten. Hier und da kauern verwitterte Steinfiguren halb versteckt zwischen den Pflanzen – ein lächelnder Gnom, eine verspielte Elfe, ein träumerisch auf seiner Panflöte spielender Faun.

Mein Blick bleibt an der Haustür hängen. Sie ist ein erstaunliches Kunstwerk, das einerseits völlig fehl am Platz ist und sich andererseits doch vollkommen in das Gesamtbild einfügt. Die Tür ist aus einem rötlichbraunen Holz. Kunstvolle Schnitzereien erzählen darauf von alten Märchen und Legenden. Ich kann fantastische Wesen, Drachen, Türme einer mittelalterlichen Stadt ausmachen. Das Verrückteste aber ist, dass auch die Hütte selbst auf der Tür abgebildet ist! Ob die Tür auf dem geschnitzten Häuschen wohl wiederum kleinere Schnitzereien aufweist? Und vielleicht ist eine davon dann wieder das Haus, das eine Tür hat ... Mir wird schwindelig. Das sind doch Hirngespinste!
Mein Blick fällt auf den Türklopfer, der die Form eines Löwenkopfes mit einem Ring im Maul hat. Ein Türklopfer! Keine Klingel. Wie aus einem vergangenen Jahrhundert.
Neben der Tür steht eine alte Holzbank, auf der ein Kissen liegt. Darüber hängt ein Schild aus verwittertem Holz, auf dem in verschnörkelter Schrift »Willkommen« zu lesen ist.
Das Häuschen strahlt eine mystische Atmosphäre von Zeitlosigkeit und Geborgenheit aus. Es wirkt, als hätte es schon immer an diesem Ort gestanden und würde noch bis in alle Ewigkeit hier stehen – ein Geheimnis inmitten des Waldes.
Ich stehe reglos da und starre das Häuschen an, unschlüssig, was ich jetzt tun soll. Ein Teil von mir möchte am liebsten sofort zur Tür rennen und klopfen, um Hilfe bitten und endlich wieder mit normalen Menschen sprechen. Aber ein anderer Teil zögert noch.
Das Häuschen selbst sieht zwar freundlich und einladend aus – aber was, wenn die Bewohner es ganz und gar nicht sind? Wenn sie nicht gestört

werden wollen? Schließlich wohnen sie ja vermutlich nicht umsonst mitten im Wald. Und falls sie mich nun als Eindringling ansehen? Immerhin sehe ich nach tagelanger Wanderung durchs Gestrüpp nicht gerade präsentabel aus. Eher wie ein finsterer Waldschrat als wie ein seriöser Geschäftsmann. Außerdem ist mir unangenehm bewusst, dass ich nicht mehr besonders frisch rieche.

Ich frage mich, was für Menschen hier wohnen mögen. Einsiedler? Aussteiger? Oder vielleicht ein altes Ehepaar, das die Ruhe des Waldes der Hektik der Stadt vorgezogen hat? Oder gar eine Hexe?, denke ich einen Moment lang und muss über mich selbst lachen. Dennoch sind meine anderen Bedenken nicht ganz von der Hand zu weisen. Schließlich wird hier wohl nicht allzu oft Besuch vorbeikommen.

Je länger ich hin und her überlege, desto mehr scheue ich mich, zu klopfen. Vielleicht, denke ich, sollte ich ja einfach den Pfad noch ein Stück weitergehen. Sicher würde er irgendwann aus dem Wald herausführen, zu einer Straße, einem Dorf. Andererseits: Wie oft habe ich das schon geglaubt, um dann enttäuscht zu werden.

Aber als ich mich noch einmal verlegen umdrehe, stockt mir der Atem. Der Pfad, dem ich gefolgt bin, ist verschwunden. Wo eben noch ein deutlich erkennbarer Weg durch das Unterholz führte, ist jetzt nur noch dichter Wald zu sehen. Ich traue meinen Augen nicht.

Wie kann das sein? Auch wenn ich zweifellos verwirrt, erschöpft und vollkommen durcheinander bin – irgendetwas sehr Seltsames ist in diesem Wald im Gange. Ich muss an den grauen Wanderer und an das unwirkliche Mädchen denken. Vielleicht ist dieses Häuschen nur eine weitere Illusion, ein Trugbild meines übermüdeten Geistes?

Ich schüttle den Kopf. Nein, das Haus ist real! Ich sehe es doch deutlich vor mir stehen. Ich berühre vorsichtig die Wand und spüre das kühle Holz. Ich kann den Rauch riechen, der aus dem Schornstein aufsteigt, höre das sanfte Knarren des Wetterhahns im Wind.

Langsam wird mir klar, dass ich keine Wahl habe. Der Weg zurück ist verschwunden, und vorwärts geht es auch nicht weiter. Das Häuschen ist meine einzige Option. Mit einem tiefen Atemzug fasse ich einen Entschluss. Was auch immer mich hinter dieser Tür erwartet, schlimmer, als halb verhungert und einsam im Wald umherzuirren, kann es nicht sein.

Zögernd nähere ich mich der Tür. Mein Herz klopft wild in meiner Brust, als ich die Hand hebe, um den Türklopfer zu betätigen. Wie surreal das alles ist: Vor ein paar Tagen noch war ich ein erfolgreicher Geschäftsmann, und jetzt stehe ich hier wie ein schüchterner Junge, der sich nicht traut, an die Tür eines Hexenhäuschens zu klopfen. Wenigstens ist es nicht aus Lebkuchen. Ah, Lebkuchen! Mir wird schmerzlich bewusst, wie ausgehungert ich bin.

Ich hole tief Luft und lasse den Türklopfer fallen. Das dumpfe Geräusch hallt durch die Stille des Waldes. Dann warte ich, mein Herz rast, meine Handflächen sind schweißnass.

Für einen unerträglich langen Moment herrscht absolute Stille. Dann höre ich Schritte im Inneren des Hauses. Sie kommen näher, werden lauter. Ich halte den Atem an. Die Türklinke bewegt sich, und langsam öffnet sich die Tür ...

Frau Jumma

Eine alte Frau mit langen, silbergrauen Haaren lächelt mich freundlich an und sagt: »Willkommen!«

Ich bin völlig überrumpelt. Mit vielem habe ich gerechnet – aber nicht damit, so herzlich begrüßt zu werden. Und nach den Strapazen der letzten Tage bin ich für diesen freundlichen Empfang unsäglich dankbar.

»Komm doch herein«, sagt sie. »Wie schön, dass du deinen Weg doch noch gefunden hast. Ich habe dich schon erwartet.«

Ich erstarre. Wieso hat sie mich erwartet? Wie ist das möglich? Mein Verstand rast, sucht nach einer logischen Erklärung. Vielleicht habe ich mich nur verhört.

Sie lächelt jetzt noch breiter – meine Verwirrung ist ihr offenbar nicht entgangen. »Ich bin Frau Jumma«, sagt sie.

Ich mustere sie eingehend. Frau Jumma scheint gleichzeitig uralt und zeitlos. Ihr Alter lässt sich schwer schätzen – sie könnte ebenso gut 70 wie 700 Jahre alt sein. Ihr Gesicht ist von feinen Linien durchzogen, besonders um ihre Augen herum – unverkennbare Spuren eines Lebens voller Heiterkeit.

Ihre Augen sind das Auffälligste an ihr: groß, mandelförmig und von einem leuchtenden, schimmernden Grün, das an einen Bergsee erinnert. In ihrem forschenden Blick, der auf mir ruht, liegt eine besondere Tiefe und Weisheit. Ich habe das Gefühl, dass sie, auch wenn ich noch kein Wort gesagt habe, bereits alles über mich weiß. Es ist unheimlich, aber gleichzeitig auch faszinierend.

Ihr langes, silbernes Haar fällt in sanften Wellen über ihre Schultern und ist mit kleinen, glitzernden Perlen und winzigen Blüten durchflochten. Ich muss mich zusammenreißen, um nicht danach zu greifen und zu prüfen, ob es sich so seidig anfühlt, wie es aussieht.

Frau Jumma trägt ein langes, fließendes Gewand in Schattierungen von Blau und Grün, das bei jeder Bewegung wie Wasser zu schimmern scheint. Um ihre Schultern liegt ein Umhang aus feinem, silbernem Stoff, der mit rätselhaften Symbolen bestickt ist. Ich versuche, die Symbole zu entziffern, aber es gelingt mir nicht.

Ihre Hände sind schlank und grazil, mit langen Fingern, die in sanften, fließenden Bewegungen durch die Luft gleiten, als dirigiere sie ein unsichtbares Orchester. An ihren Fingern trägt sie mehrere Ringe mit faszinierenden, funkelnden Steinen.

Um ihren Hals hängt eine Kette mit einem Anhänger, der wie ein Tropfen klaren Wassers aussieht, in dem sich das Licht in allen Regenbogenfarben bricht. Ich kann meinen Blick kaum von diesem Anhänger lösen – er scheint zu pulsieren, zu leben.

»Du hast einen weiten, gefahrvollen Weg hinter dir, mein Lieber«, sagt sie. »Doch jetzt bist du angekommen.«
Frau Jummas Stimme ist warm und melodisch, mit einem leichten Akzent, den ich nicht zuordnen kann. Jedenfalls nicht bayerisch. Wenn sie spricht, scheint der Raum sanft zu vibrieren, als würden ihre Worte direkt mit der Umgebung kommunizieren – als würde der gesamte Wald um uns herum ihnen lauschen.
»Nun komm doch herein«, wiederholt sie ihre Einladung, und ich folge ihr zögernd ins Innere des Hauses.
Beim Eintreten bin ich überrascht: Der Innenraum ist zwar nicht riesig, aber doch deutlich geräumiger, als es von außen den Anschein hatte. Es ist ein großer, offener Raum mit warmen Holzböden, einem gemütlichen Sofa und einem etwas abgewetzten Sessel.
Als ich zur Decke blickte, bleibt mir fast das Herz stehen. Nicht nur, dass da keine Decke ist, sondern der Himmel ... ist ein klarer Nachthimmel voller funkelnder Sterne. Das Dach des Hauses scheint einfach nicht vorhanden zu sein, obwohl ich es doch von außen gerade noch gesehen habe! Ich reibe mir die Augen, blinzele mehrmals, aber das Bild bleibt unverändert. Und dann reibe ich sie mir gleich noch einmal, denn als ich an Frau Jummas Hütte klopfte, war es Nachmittag und die Sonne stand noch hoch am Himmel. Wieso ist da jetzt der Nachthimmel? Selbst wenn die Hütte kein Dach hätte ...
»Wie ist das möglich?«, murmele ich, mehr zu mir selbst als zu Frau Jumma.
Sie lächelt. »Oh – in diesem Haus ist vieles möglich, was du bisher für unmöglich gehalten hast.«

Ich lasse meinen Blick durch den Raum schweifen. An den Wänden hängen Bilder in kunstvollen Rahmen. Ich runzele die Stirn und trete näher an sie heran. Bei genauerem Hinsehen erkenne ich, dass sie auf geheimnisvolle Weise Szenen aus meinem eigenen Leben darstellen – Momente, an die ich mich erinnere, aber auch solche, die ich glaubte, vergessen zu haben. Einige zeigen sogar Situationen, die ich im Moment nicht zuordnen kann, die aber seltsam vertraut wirken.
Da ist ein Bild von mir als kleiner Junge, wie ich auf dem Schoß meines Großvaters sitze und ihm beim Geschichtenerzählen lausche. Ein anderes zeigt mich bei meiner Abschlussfeier an der Universität, stolz und voller Zukunftspläne. Und dort – ich stocke – ist das nicht Lisa, das Mädchen aus meiner Kindheit? Aber das kann nicht sein, dieses Bild zeigt uns als Erwachsene, Arm in Arm, lachend.
»Woher haben Sie diese Bilder?«, frage ich fassungslos, meine Stimme kaum mehr als ein Flüstern.
Frau Jumma antwortet nicht direkt. Stattdessen deutet sie auf einen großen, antiken Schreibtisch in einer Ecke des Raumes. Auf ihm türmen sich alte Bücher, zwischen denen seltsame Instrumente verstreut liegen, die ich noch nie zuvor gesehen habe. Daneben dominiert ein gewaltiger Spiegel die Wand – eingelassen in einen altertümlichen Silberrahmen, dessen Patina an manchen Stellen schwarz angelaufen ist. Feine, eingearbeitete Runen schlängeln sich wie eine geheime Botschaft um den Spiegel, dessen Oberfläche wie Wasser zu fließen scheint.
»Die Antworten, die du suchst, mein Lieber, findest du dort«, sagt sie sanft.
Vorsichtig nähere ich mich dem Spiegel. Mein Spiegelbild sieht anders aus, als ich es in Erinnerung habe – jünger, friedlicher, als hätten die Er-

lebnisse der letzten Tage mich nicht nur äußerlich, sondern auch innerlich verändert.
Nun erkenne ich auch vier Türen, die sich im Spiegel abzeichnen und die mir merkwürdigerweise zuerst gar nicht aufgefallen sind. Ich drehe mich um und erstarre. Ja – tatsächlich: Vier Türen, die alle an den Wänden sind. Sie alle müssten nach draußen führen. Das macht doch überhaupt keinen Sinn!
»Was hat es mit diesen Türen auf sich?«, frage ich.
Frau Jumma lächelt wieder ihr geheimnisvolles Lächeln. »Du solltest wissen, dass du nicht zufällig hier bist, David«, sagt sie ruhig. »Du bist den langen Weg gekommen, um die richtige Tür zu finden.«
»Die richtige Tür? Wofür?«
»Das, mein Lieber, musst du schon selbst herausfinden.«
Ich schüttle den Kopf, verwirrt und frustriert. Ich verstehe das alles nicht. Wie kann sie meinen Namen wissen? Woher kommen diese Bilder? Und was hat es mit diesen Türen auf sich?
Mit einem leisen Klirren stellt Frau Jumma den alten Emailletopf auf die Herdplatte, in dem bereits das Wasser blubbert und kleine Dampfwolken aufsteigen lässt. Behutsam, fast andächtig, hebt sie die Kanne an und gießt das kochende Wasser in kreisenden Bewegungen über die Teeblätter. Sie balanciert die dampfenden Tassen geschickt auf einem kleinen Tablett, setzt sich in einen der gemütlichen Sessel und deutet auf einen anderen mir gegenüber. »Setz dich, mein Lieber. Lass uns einen Tee trinken. Und du musst auch etwas essen.«
Frau Jumma bewegt sich mit einer Anmut und Leichtigkeit, die eher zu einer Ballerina, als zu einer älteren Frau passt. Ihre Schritte sind lautlos,

und manchmal wirkt es, als würde sie schweben. Ihre harmonischen, fließenden Bewegungen erinnern mich an das geheimnisvolle Mädchen im Wald, und ich frage mich unwillkürlich, ob es eine Verbindung zwischen den beiden gibt.

Frau Jummas Präsenz erfüllt den Raum mit einer Aura von Ruhe und Weisheit. In ihrer Nähe fühle ich mich geborgen und zugleich doch auch so ehrfürchtig, als stünde ich vor einem geheimnisvollen, unlösbaren Rätsel.

Zögernd nehme ich Platz. Frau Jumma gießt den dampfenden Tee aus einer kunstvollen Kanne in zwei feine Porzellantassen. Der Geruch ist berauschend – herb und süß zugleich, mit einer würzigen Note von etwas, das ich nicht identifizieren kann.

»Trink«, fordert sie mich auf. »Es wird dir guttun.«

Ich nehme einen vorsichtigen Schluck. Die Wärme breitet sich in meinem Körper aus, entspannt meine Gedanken und beruhigt mein Inneres. Langsam lösen sich die Ängste und Anspannungen der letzten Tage und ich fange an, wieder klar zu sehen.

Inzwischen hat Frau Jumma eine Schale mit einer kräftig duftenden Suppe gebracht und präsentiert sie mit einer einladenden Geste.

»Du siehst aus, als könntest du etwas zu essen vertragen«, sagt sie. »Lass es dir schmecken.«

Ich stürze mich geradezu auf die Suppe. Mit einem Mal bricht der Hunger, den ich in den letzten zwei Tagen fast verdrängt habe, mit aller Gewalt über mich herein. Jetzt erst spüre ich, wie erschöpft mein ganzer Körper ist. Doch mit jedem Löffel Suppe kehren meine Kräfte zurück. Ich habe das Gefühl, ein reichhaltiges Menü und nicht nur eine einfache Suppe zu essen.

»Du hast viele Fragen«, beginnt Frau Jumma. »Und das ist gut so. Fragen sind der Beginn jeder Reise zur Erkenntnis. Aber nicht alle Antworten können dir gegeben werden. Manche musst du selbst finden.«

»Aber ich verstehe nicht ...«, beginne ich, doch sie unterbricht mich sanft.

»Verstehen ist nicht immer nötig, um voranzukommen. Manchmal ist es wichtiger, zu fühlen, zu vertrauen.«

Ich denke an meine Erlebnisse im Wald, an den grauen Wanderer, das mysteriöse Mädchen. Sie hat recht. Um Verstehen geht es nicht. Hatte ich nicht gerade erst gelernt, meiner Intuition zu vertrauen?

»Ich kann dir nicht allzu viel sagen, du würdest es nicht verstehen«, fährt Frau Jumma zögernd fort. »Aber zumindest eines möchte ich dir verraten: Diese Türen führen zu verschiedenen Teilen deines Selbst. Zu Erfahrungen, die du machen musst, um zu wachsen, um zu verstehen. Aber welche Tür die richtige für dich ist, das weiß ich nicht – das kann nur dein Herz entscheiden.«

Ich blicke ehrfürchtig zu den Türen hinüber. Jede scheint mich auf ihre eigene Art zu rufen. »Und was passiert, wenn ich durch eine dieser Türen gehe?«

Frau Jumma lächelt wieder. »Das, mein Lieber, ist der Beginn deines wahren Abenteuers.«

Die Einbahntür

Während ich mit der dampfenden Teetasse in meinen Händen auf dem Sessel sitze, versuche ich, all die seltsamen Eindrücke zu verarbeiten. Die Hütte, die innen deutlich größer ist, als es von außen aussieht. Die fehlende Decke und darüber der Blick in den Nachthimmel. Oder eine unfassbar gute Illusion eines Nachthimmels. Die Bilder an den Wänden, die Szenen aus meinem Leben darstellen. Und natürlich Frau Jumma selbst, diese rätselhafte Frau mit den durchdringenden grünen Augen, die über Dinge spricht, die ich allesamt höchst mysteriös finde.

Das Ganze hier ist nicht nur unheimlich – es ist beängstigend. Ich komme mir vor, als wäre ich in einen surrealen Traum hineingeraten, aus dem ich nicht aufwachen kann. Oder in ein Märchen, in dem die normalen Regeln der Realität außer Kraft gesetzt sind. Ich muss mich zusammenreißen und versuchen, wieder aus diesem Traum herauskommen.

»Ich glaube, ich muss weiter«, sage ich schließlich und stelle die Teetasse ab. »Vielen Dank für den Tee. Und die Suppe. Können Sie mir vielleicht noch sagen, wie ich zur Straße komme?« Meine Stimme klingt unsicher, selbst in meinen eigenen Ohren.

Frau Jumma nickt nur schweigend, ihr geheimnisvolles Lächeln noch immer auf den Lippen. Ich sehe sie erwartungsvoll an, aber nachdem sie weiterhin kein Wort sagt, verabschiede ich mich freundlich von ihr, stehe auf und gehe zur Tür, durch die ich hereingekommen bin. Meine Hand zittert leicht, als ich nach dem Türgriff greife. Irgendwie habe ich das Gefühl, dass etwas Seltsames passieren wird, wenn ich diese Tür öffne.

»Du wirst den Weg, den du suchst, nicht finden, wenn du rückwärtsgehst«, flüstert Frau Jumma. Aber ich achte nicht weiter auf sie. Es ist mir alles zu unheimlich. Ich drücke die Klinke herunter, öffne die Tür und trete hindurch. Für einen kurzen Moment umgibt mich Dunkelheit, dann blinzele ich verwirrt. Das kann doch nicht wahr sein – ich stehe wieder im Haus, genau dort, wo ich eben noch gestanden bin, nur jetzt mit dem Rücken zur Tür.

»Was zum ...?« Ich drehe mich um und starre mit weit aufgerissenen Augen auf die geschlossene Tür hinter mir. Meine Gedanken überschlagen sich. Bin ich wirklich schon so verwirrt, dass ich die Tür geöffnet habe und dann wieder zurück ins Haus gegangen bin? Nein, das kann einfach nicht sein. Ich muss mich geirrt haben. Ich öffne die Tür erneut, trete hindurch – und finde mich wieder im Inneren der Hütte. Wieder und wieder probiere ich es, mein Herz schlägt immer schneller. Jedes Mal das gleiche Ergebnis: Ich trete durch die Tür, ein kurzer Moment völliger Schwärze verschluckt mich, und anschließend stehe ich wieder im Haus – genau an der Stelle, von wo aus ich losgegangen bin.

Panik steigt in mir auf. Was ist hier los? Bin ich verrückt geworden? Es muss ein Traum sein. Solche Sachen passieren doch nur in einem Traum.

Frau Jumma sitzt noch immer in ihrem Sessel, beobachtet mich mit einem Ausdruck milder Belustigung. »Mein Lieber«, sagt sie sanft, »das ist nicht die richtige Tür. Setz dich zu mir und trink noch eine Tasse Tee.«

Ich starre sie an, unfähig zu begreifen, was hier vor sich geht. »Aber ... aber das ist doch die Tür, durch die ich hereingekommen bin!«, stammele ich.

Sie nickt. »Ja, das stimmt. Aber wie ich schon sagte, die Türen in dieser Hütte funktionieren anders als normale Türen.«

Ich lasse mich schwer in den Sessel fallen und fasse mir verzweifelt an die Stirn. In meinem Kopf schwirrt es wie in einem Bienenstock. »Was meinen Sie damit? Wie können Türen denn anders funktionieren?«

Frau Jumma gießt mir eine weitere Tasse Tee ein. Der Duft ist beruhigend, und ich merke, wie mein rasender Puls langsam wieder etwas zur Ruhe kommt.

»Sieh mal«, beginnt sie, »die Türen in diesem Haus sind nicht einfach Durchgänge von einem Ort zum anderen. Es sind keine gewöhnlichen Türen, sondern Pforten, die dich an Stellen bringen, wo du findest, was du wirklich brauchst.«

Ich runzele die Stirn. »Was ich brauche? Aber ich weiß doch, was ich brauche. Ich muss zurück zu meinem Auto, oder zumindest zu einer Straße. Ich muss nach Hause!«

Sie schaut mich ruhig an, und ihr Blick dringt tief in mich ein. »Bist du dir da wirklich so sicher? Manchmal reden wir uns ein, etwas zu wollen oder zu brauchen, weil es das ist, was wir gewohnt sind. Oder weil es auf den ersten Blick vielleicht wünschenswert erscheint. Aber tief in unserem Inneren wissen wir, dass wir eigentlich etwas ganz anderes brauchen.«

Ich schüttle den Kopf. Das klingt alles irgendwie ... esoterisch. So gar nicht nach der rationalen, logischen Welt, in der ich mich normalerweise bewege. »Ich verstehe nicht ...«, beginne ich, doch dann stocke ich. »Was hat es mit diesen Türen auf sich?«, frage ich ehrfürchtig.

Frau Jumma schenkt mir einen warmherzigen Blick. »Jede dieser Türen führt zu einem Teil deines Selbst, den du erforschen solltest«, sagt sie freundlich. »Sie führt dich zu genau jenen Erfahrungen, die du brauchst, um wachsen und erkennen zu können.«

Ich nehme einen Schluck vom Tee, lasse die warme Flüssigkeit die Kehle hinunterrinnen. Es ist, als würde sie nicht nur meinen Körper, sondern auch mein Herz wärmen.

»Aber woher soll ich wissen, welche die richtige Tür ist?«, frage ich.

Frau Jumma lacht leise, ein Klang wie plätscherndes Wasser. »David, mein Lieber, vielleicht hast du dich ja genau deswegen verirrt. Vielleicht war es an der Zeit für dich, den Weg, von dem du geglaubt hast, dass es der einzig richtige sei, zu verlieren, um dich selbst zu finden.«

Ich schüttle den Kopf. Was für seltsame Ansichten. Ich bin ein Mann der Zahlen, der Fakten, der Vernunft. Ich glaube an das, was ich sehen und anfassen kann. Und doch ... Ich muss zugeben, dass ich in den letzten Tagen im Wald Dinge erlebt habe, die ich nicht erklären kann. Den grauen Wanderer, das mysteriöse Mädchen, die wundersame Heilung meiner Verletzungen. Ich fange an, an meiner bisherigen Einstellung zu zweifeln.

»Durch welche Tür soll ich denn nun gehen?«, frage ich resigniert.

Doch Frau Jumma lehnt sich entspannt zurück und zuckt nur mit den Schultern. »Folge einfach deinem Gefühl«, sagt sie.
Ich stehe auf, trete näher an die Türen heran. Jede scheint mich auf ihre eigene Art zu rufen. Die dunkle Tür flüstert von verborgenen Geheimnissen und Ängsten. Die helle Tür verspricht Wärme und Heilung. Die grüne Tür lockt mit dem Versprechen von Wachstum und Verbundenheit. Und die silberne Tür ... sie scheint von Veränderung und neuen Möglichkeiten zu sprechen.
Ich schließe die Augen, versuche, auf mein Inneres zu hören. Was will ich wirklich? Was brauche ich?
Als ich die Augen wieder öffne, weiß ich, welche Tür ich wählen muss. Ich wundere mich zwar selbst darüber, aber es ist die dunkle Tür – die Tür, die mir auf Anhieb am meisten Angst gemacht hat. Ich kann nicht sagen, warum es mich so sehr dorthin zieht. Es widerspricht jeder Logik. Ich drehe mich zu Frau Jumma um und sehe sie fragend an. Sie beobachtet mich mit ihrem wissenden Lächeln, das weder Zustimmung noch Ablehnung verrät.
»Ich glaube, ich weiß es jetzt«, sage ich.
Sie nickt anerkennend. »Gut. Denk daran: Was immer du hinter dieser Tür findest, es ist ein Teil von dir. Begegne ihm mit Offenheit und Mut.«
Ich hole tief Luft und trete auf die Tür zu, die ich gewählt habe. Meine Hand zögert kurz, als ich nach dem Türgriff greife. Ich weiß nicht, was mich erwartet. Aber ich weiß, dass es etwas ist, dem ich mich stellen muss. Mit einem letzten Blick auf Frau Jumma drücke ich die Klinke hinunter. Ohne große Erwartungen und mit einem tiefen Atemzug öffne ich sie und trete hindurch.

Die Tür der Ängste

Ich stehe in einem großen, hell erleuchteten Raum. Er wirkt wie ein Konferenzsaal in einem modernen Bürogebäude. Oder vielleicht in einer Universität. Lange Tische sind u-förmig angeordnet, dahinter stehen dunkle Lederstühle. An der Stirnseite des Raumes befindet sich ein Rednerpult, eine riesige Leinwand hängt dahinter.

Diese Art von Räumen kenne ich gut. Vorsichtig trete ich ein. Der Boden unter meinen Füßen fühlt sich anders an, härter, fester. Das gibt mir Mut. Es riecht angenehm – nach Leder und einem Hauch von Zitrone. Mein Blick fällt auf den vordersten Tisch. Er ist übersät mit Papieren, die in scheinbar zufälliger Anordnung darauf verstreut liegen. Neugierig gehe ich darauf zu, um sie mir anzusehen.

In diesem Moment flackert die große Leinwand hinter dem Rednerpult auf. Mir stockt der Atem. Auf der Leinwand steht in Großbuchstaben mein Name, und darunter, in noch größeren roten Lettern: »GESCHEITERT«.

Ich taumle zurück, als hätte mich jemand geschlagen. Was bedeutet das? Wer hat das geschrieben? Und wieso? Ich starre die Leinwand an. Wie gelähmt stehe ich da, bis mich ein Geräusch aus der Erstarrung reißt. Zu meinem Entsetzen sehe ich, wie sich die Wände des Raumes knirschend zu bewegen beginnen. Langsam, aber unaufhaltsam kommen sie auf mich zu. Die Angst schnürt mir die Kehle zu. Ich muss hier raus! Aber wie? Mein Blick fällt wieder auf die Papiere, die auf dem Tisch liegen.
Plötzlich weiß ich mit untrüglicher Gewissheit: Wenn ich diese Dokumente richtig ordne, werden die Wände aufhören, sich zu bewegen.
Mit zitternden Händen greife ich nach den Papieren. Es sind Berichte, Diagramme, Tabellen – alles Unterlagen, mit denen ich in meinem Berufsleben täglich zu tun habe. Ich beginne fieberhaft, sie zu sortieren, zu ordnen, einen Sinn in dem ganzen Chaos zu finden.
Aber je mehr ich mich bemühe, desto chaotischer wird es. Die Wände hören nicht auf, sich zu bewegen. Der Raum wird kleiner und kleiner. Er ist immer noch groß, aber ich erschauere, als mir bewusst wird, dass die Luft schnell knapper werden wird. Schweiß rinnt mir die Stirn hinunter, meine Hände zittern so stark, dass ich die Papiere kaum noch halten kann. Eine kleine Stimme in meinem Kopf flüstert mir zu, dass ich die Unterlagen loslassen soll. Dass dies der einzige Weg ist, dem Raum zu entkommen. Aber eine viel lautere Stimme, die wie die meines Vaters klingt, schreit: »Du darfst nicht scheitern! Niemals aufgeben! Sei kein Versager, ich will keine Memme als Sohn!«
Die Wände kommen immer näher. Panik droht, mich zu überwältigen. Ich kann nicht atmen, kann keinen klaren Gedanken fassen. Das Einzige, was ich weiß, ist, dass ich nicht scheitern darf.

In diesem Moment der äußersten Verzweiflung fällt mein Blick auf etwas, das ich vorher übersehen habe. An der Wand zu meiner Rechten befindet sich eine kleine, unscheinbare Holztür. Über ihr steht in verschnörkelten Buchstaben: »Labyrinth«.

Für einen Moment zögere ich. »Labyrinth« klingt bedrohlich. Unbekannt. Aber im Unbekannten bin ich ja schon. Und schlimmer, als langsam zerquetscht zu werden, kann es wohl kaum werden.

Mit einem letzten verzweifelten Blick auf die Papiere in meinen Händen entscheide ich mich, der leisen Stimme in mir zu vertrauen. Ich lasse los. Die Dokumente flattern zu Boden, aber ich achte nicht weiter auf sie. Mit ein paar großen Schritten bin ich bei der kleinen Tür, reiße sie auf und stürze hindurch.

Ich finde mich in einem dunklen, engen Gang wieder. Die Luft ist kühl und feucht, und ich kann kaum die Hand vor Augen sehen. Aber zumindest bewegen sich die Wände hier nicht. Ich lehne mich gegen die raue Steinwand und rutsche langsam zu Boden.

Während mein Atem sich allmählich beruhigt und mein Herzschlag sich wieder normalisiert, beginne ich zu erahnen, was gerade geschehen ist. Der Raum, die sich bewegenden Wände, die Dokumente – sie alle waren eine Manifestation meiner tiefsten Angst. Der Angst, zu scheitern, nicht gut genug zu sein. Der Angst, den Erwartungen nicht zu entsprechen – nicht nur den Erwartungen der anderen, sondern auch meinen eigenen. Aber ich habe die Dokumente, die die Erwartungen symbolisierten, schließlich doch nicht festgehalten. Und indem ich die Papiere losgelassen habe, habe ich der Angst die Stirn geboten. Wahrscheinlich das erste Mal überhaupt. Ein kleiner Schritt, aber ein bedeutsamer.

Ich stehe langsam auf, klopfe den Staub von meiner Kleidung. Der Gang vor mir ist düster und unheimlich, und doch fühle ich mich seltsamerweise nicht mehr so verängstigt wie zuvor. Ich denke an Frau Jummas Worte. Alles, was ich hier finde, ist nur ein Teil von mir. Was auch immer mich in diesem Labyrinth erwarten mag – ich weiß, dass ich die Kraft haben werde, mich meinen Ängsten zu stellen.
Ich atme tief durch und mache mich entschlossen auf den Weg in die Dunkelheit des Labyrinths.

Die Stille ist fast greifbar, nur unterbrochen vom Geräusch meiner eigenen Schritte und meines Atems und meines noch immer rasenden Herzschlags. Langsam gewöhnen sich die Augen an die Dunkelheit, und ich beginne, Details zu erkennen.
Der Gang ist nicht kahl, wie ich zunächst vermutet habe. Überall hängen Bilder an den Wänden. Es sind Porträts, die im schwachen Licht unheimlich lebendig wirken. Als ich näher herantrete, stockt mir der Atem. Ich kenne diese Gesichter.
Da ist mein Großvater, sein gütiges Lächeln so lebendig, als stünde er direkt vor mir. Die Falten um seine Augen, die Art, wie er den Kopf leicht zur Seite neigt – alles genau so, wie ich es in Erinnerung habe. Daneben hängt ein Bild von Lisa, meiner Kinderfreundin. Ihr strahlendes Lachen, ihre lebendigen Augen – der Anblick trifft mich wie ein Schlag in die Magengrube. Für einen Moment bin ich wieder der Junge, der zum ersten Mal in seinem Leben einen Anflug von Verliebtheit spürt.

Und da ist Jörg, mein Studienkamerad und Musikerfreund. Sein Gesicht ist älter als in meiner Erinnerung, gezeichnet von den Jahren, die vergangen sind. Ich frage mich wieder, was aus ihm geworden ist. Die verpasste Chance, diese wunderbare Freundschaft zu erhalten, schmerzt mehr, als ich erwartet hätte.

Mit jedem Schritt werden die Erinnerungen lebendiger, die Gefühle intensiver. Die Augen in den Porträts scheinen mir zu folgen. Und mit Ausnahme des Gesichts meines Großvaters sind sie alle anklagend, fragend, traurig. Ich spüre, wie sich ein Schatten über mein Gemüt legt. All diese Menschen, die ich verloren habe – durch den Tod, durch meine eigenen Entscheidungen, durch die unerbittliche Vorwärtsbewegung des Lebens.

Plötzlich öffnet sich zu meiner Rechten eine Tür. Ohne nachzudenken, trete ich hindurch und finde mich in einem Raum wieder, der mir erschreckend vertraut vorkommt. Es ist das Wohnzimmer meines Elternhauses. Der alte Sessel meines Vaters, die Porzellanfiguren meiner Mutter auf dem Kaminsims – nichts hat sich verändert. Sogar der Geruch ist derselbe: eine Mischung aus Bohnerwachs und dem Lavendelparfüm meiner Mutter, das sie immer zu dick auftrug und das ich nie ausstehen konnte.

Und dort, mitten im Raum, steht Lisa.

Mein Herz setzt für einen Schlag aus. Als hätte die Zeit sie nicht berührt, erscheint sie mir genau wie damals, als wir uns das erste Mal sahen. Ihr langes blondes Haar fällt in sanften Wellen über ihre Schultern, ihre blauen Augen strahlen vor Leben und Freude. Sie trägt das blaue Sommerkleid, das sie an diesem Tag anhatte.

»Lisa«, flüstere ich, meine Stimme kaum mehr als ein Hauch.

Ich mache einen Schritt auf sie zu, strecke meine Hand aus. Doch je näher ich komme, desto undeutlicher werden ihre Konturen. Ihre Gestalt beginnt zu flackern wie ein Hologramm.
»Nein«, rufe ich, »bitte geh nicht!«
Aber es ist zu spät. Lisas Gestalt löst sich auf, zerrinnt wie Nebel im Sonnenlicht. Zurück bleibt nur die schmerzhafte Leere ihrer Abwesenheit.
Eine Welle der Traurigkeit überrollt mich, so überwältigend, dass meine Knie nachgeben. Ich lehne mich an die Wand und sinke zu Boden, unfähig, den Schmerz des Verlustes zu ertragen. Mir ist, als würde ich Lisa ein zweites Mal verlieren – nur fühlt es sich diesmal noch endgültiger an.
Um mich herum beginnen sich die Wände des Raumes zu verändern. Ein kalter, grauer Nebel kriecht aus den Ecken, hüllt alles ein. Die vertrauten Gegenstände des Wohnzimmers verschwinden einer nach dem anderen in der gespenstischen Dunkelheit.
Der Nebelschleier erreicht mich, umhüllt mich mit eisiger Kälte. Ich kann kaum noch atmen, fühle mich, als würde ich in einem Ozean aus Einsamkeit ertrinken. Ist das der Preis für Nähe? Für Liebe? Dieser unerträgliche Schmerz des Verlustes?
Zusammengekauert auf dem Boden, nach Luft ringend, begreife ich plötzlich, warum ich mich all die Jahre so abgeschottet habe. Warum ich Beziehungen vermieden, Menschen auf Abstand gehalten habe. Die Angst vor diesem zerreißenden Schmerz war zu groß, die Furcht vor dem Verlust ein lähmender Schatten.
Umgeben von der Kälte meiner selbst auferlegten Isolation, trifft mich die bittere Erkenntnis mit voller Wucht: Der Schmerz, den ich jetzt fühle, ist der Beweis dafür, wie kostbar diese Beziehungen waren. Die Trauer

um Lisa, die Sehnsucht nach der Weisheit meines Großvaters, das Bedauern über die verlorene Freundschaft mit Jörg – all das zeigt, wie viel diese Menschen mir tatsächlich bedeutet haben.
Mühsam erhebe ich mich. Wie ein Blitz durchzuckt mich die Einsicht, welche Chancen Beziehungen wirklich bieten: echte Nähe, tiefe Freundschaft, gemeinsames Wachstum. Natürlich bergen sie das Risiko von Schmerz und Verlust. Doch beim Versuch, mein Herz zu schützen, in meinem verbissenen Bemühen, jegliches Risiko zu meiden, habe ich das Kostbarste aus den Augen verloren.
Mit dieser Erkenntnis beginnt sich der Nebel zu lichten. Die Kälte weicht einer sanften Wärme, die tief aus meinem Inneren aufsteigt. Ich fühle mich seltsam befreit. So, als hätte ich einen Panzer abgeworfen, der mir jahrelang Schutz versprach, mich aber nur in einer selbst erschaffenen Festung eingesperrt hat.
Eine Tür erscheint vor mir, wo vorher keine war. Diesmal zögere ich nicht und gehe direkt darauf zu. Als ich die Klinke herunterdrücke, werfe ich einen letzten Blick zurück. Das Wohnzimmer ist verschwunden, aber ich trage die Erinnerungen an die Menschen, die ich geliebt habe, nun wie einen Schatz in meinem Herzen.
Ich öffne die Tür und trete hindurch. Vor mir erstreckt sich eine weitläufige, leere Halle. Die Stille hier ist anders, nicht bedrückend, sondern erwartungsvoll. Ich spüre, dass mich der nächste Teil meiner Reise erwartet. Mit einem tiefen Atemzug wage ich mich in die Halle.

Nachdem sich meine Augen an das gedämpfte Licht gewöhnt haben, entdecke ich lange Regale, die sich an den Wänden aneinanderreihen. Sie sind vollgestellt mit Trophäen, Medaillen und gerahmten Urkunden. In Vitrinen glänzen weitere Auszeichnungen.
Mein Herz macht einen Sprung, als ich meinen Namen auf einem der Pokale lese. Unglaublich! Jedes einzelne Stück in diesem Raum trägt meinen Namen, erzählt von meinen früheren Erfolgen: Auf einem Regal liegt mein Abiturzeugnis, daneben mein Universitätsdiplom. In einer großen Vitrine glänzen die Pokale neben der goldenen Medaille für »Herausragende Leistungen im Finanzsektor«. An der Wand entdecke ich die Auszeichnung für den »Manager des Jahres« und die goldgerahmte Urkunde für den »Innovativsten Geschäftsansatz«. Sogar der Brief der Plattenfirma, die Jörg und mir einen Vertrag angeboten hatte, liegt in einem der Regale. All die Dinge, für die ich so hart gearbeitet habe, all die Ziele, die ich erreicht habe.
Doch je länger ich die Auszeichnungen studiere, desto beklemmter fühle ich mich. Seltsam. Irgendetwas stimmt nicht. Die Trophäen wirken stumpf und leblos auf mich. Dichter Staub hat sich auf ihnen angesammelt, lässt sie alt und vergessen erscheinen. Die einst so strahlenden Medaillen sind grün angelaufen, das Gold abgeblättert.
Ein Gefühl der Sinnlosigkeit überkommt mich. Ist das wirklich alles, was von meinem Leben übrig ist? Eine Sammlung verstaubter Erinnerungen an längst vergangene Triumphe? Die Erfolge, die früher mein Ein und Alles waren, wirken plötzlich hohl und bedeutungslos.
Auf einmal fällt mein Blick auf einen Schatten in der Mitte des Raumes, der sich von all den Trophäen abhebt. Ein großes, schwarzes Klavier

thront zwischen vergilbten Notenblättern, die auf dem Boden verstreut liegen. Wie magisch angezogen gehe ich darauf zu.
Als ich näher komme, erkenne ich die Noten auf dem Pult. Es ist ein Stück, das ich vor vielen Jahren gemeinsam mit Jörg komponiert habe. Die Erinnerung trifft mich wie ein Schlag. Ich sehe uns beide noch genau vor mir, wie wir nächtelang an diesem Stück gearbeitet haben. Voller Leidenschaft träumten wir von einer Karriere auf der Bühne. Mit zitternden Händen schlage ich einige Tasten des Klaviers an, doch statt des erwarteten Klangs höre ich nur ein dumpfes Krachen. Zu meinem Entsetzen beginnen die Tasten unter meinen Fingern zu bröckeln und sich aufzulösen. Es ist, als würde das Instrument vor meinen Augen altern und verfallen. Eine tiefe Leere breitet sich in mir aus. Die Musik, die einst meine große Leidenschaft war, scheint unerreichbar fern. Ich kann die Melodie weit in der Ferne hören, leise und verlockend, aber ganz egal, wie sehr ich mich anstrenge, ich kann sie nicht greifen. Es ist, als hätte ich den Zugang zu diesem Teil meiner Seele unwiederbringlich verloren.
Stattdessen wird der Raum von einem monotonen Klang erfüllt. Er beginnt leise, fast unmerklich, schwillt aber schnell an. Es ist der Ton einer einzelnen Klaviersaite, die endlos schwingt, immer lauter und durchdringender wird.
Mit wachsendem Entsetzen erkenne ich, was dieser Raum mir sagen will. All meine Erfolge, all die Auszeichnungen und Ehrungen, für die ich so hart gearbeitet habe – sie sind letzten Ende völlig belanglos. Ich habe meine wahre Leidenschaft, meine Erfüllung für einen fragwürdigen Erfolg geopfert, der am Ende nur eine Sammlung toter Trophäen hinterlässt.

Der monotone Klang wird immer lauter, dringt in jede Faser meines Körpers und pulsiert schmerzhaft in meinen Schläfen. Verzweifelt halte ich mir die Ohren zu, aber es hilft nichts. Der Ton scheint direkt in meinem Kopf zu erklingen, unentrinnbar und quälend.
Panik erfasst mich. Ich muss hier raus, weg von diesem schrecklichen Lärm, weg von den anklagenden Zeugnissen meines hohlen Erfolgs. Ich beginne zu rennen, stolpere über die am Boden liegenden Notenblätter, stoße die Vitrine um. Sie fällt klirrend zu Boden.
Ich renne und renne, ohne zu wissen, wohin. Der Raum scheint endlos, die Wände rücken in die Ferne, je schneller ich laufe. Es ist ein Albtraum. Mein Atem geht keuchend, mein Herz rast, aber ich kann nicht anhalten. Die Angst treibt mich voran, die Angst vor der Erkenntnis, dass ich mein Leben, dass ich all die vielen Jahre an etwas Bedeutungsloses verschwendet haben könnte.
Erst nach einer gefühlten Ewigkeit wird der Ton allmählich leiser. Ich verlangsame meine Schritte, wage es, mich umzusehen. Vor mir sehe ich eine große Flügeltür.

Ich passiere die Tür und finde mich in einer völlig neuen Umgebung wieder. Um mich herum erstreckt sich ein scheinbar endloses Labyrinth aus Spiegeln. Die Wände, der Boden, sogar die Decke – alles besteht aus reflektierenden Oberflächen. Es sieht aus wie in einem Spiegelkabinett, in dem ich vor Jahren einmal auf einem Jahrmarkt war. Nur viel gigantischer. Mein Spiegelbild wird unendlich oft wiederholt, ganz gleich, in

welche Richtung ich blicke. Und jedes Spiegelbild spiegelt sich in unzähligen anderen Spiegeln wider.
Vorsichtig mache ich einen Schritt vorwärts. Das Geräusch hallt von den Wänden wider, verstärkt und verzerrt. Ich beobachte mich in den Spiegeln, während ich langsam voranschreite, und stelle fest, dass hier etwas merkwürdig ist. Wie ist das möglich? Die Spiegelbilder sind nicht einheitlich, denn in einigen sehe ich mich, wie ich jetzt bin, in anderen jedoch ...
Im Spiegel zu meiner Rechten erscheine ich uralt und gebrechlich. Meine Haut ist faltig, mein Rücken gebeugt. Traurig und einsam blicken mich die Augen aus diesem greisen Gesicht an. Ein paar Schritte weiter zeigt mir ein anderer Spiegel mein jüngeres Ich – etwa im Alter von zwanzig Jahren, mit vor Angst geweiteten Augen und nervös bebenden Händen.
»David!«
Ich fahre herum. Hat da jemand meinen Namen gerufen? Die Stimme klang vertraut, aber ich kann niemanden sehen. Nur meine eigenen verzerrten Reflexionen starren mir aus Hunderten von Spiegeln entgegen.
»David, wo bist du?«
Wieder eine Stimme – diesmal eine andere und aus einer anderen Richtung. Ist das meine Mutter? Der Klang ist verschwommen und verändert sich ständig. Ist es etwa nicht die Stimme meiner Mutter, sondern Lisa? Die Stimmen hallen von den Wänden wider, überlappen sich, bis ich nicht mehr sicher bin, ob sie real oder nur ein Produkt meiner Einbildung sind.
Ich setze meinen Weg fort, immer tiefer in das Spiegellabyrinth hinein. Ich taste mich langsam vorwärts, so behutsam, als würde ich einen gefrorenen See überqueren. Mit jedem Schritt schwellen die Rufe an. Ein wachsender Chor aus Stimmen ruft nach mir. Ich höre meinen Vater,

Jörg, Kollegen aus der Firma. Ich wirbele herum, doch wohin ich auch schaue – ich kann niemanden entdecken.

»Hilf mir, David!«

»Warum hast du mich verlassen?«

»Wir brauchen dich!«

Die Stimmen vermischen sich zu einem Chor der Verzweiflung und des Vorwurfs. Ich beschleunige meine Schritte, biege wahllos um Ecken, versuche, den Stimmen zu entkommen. Aber sie folgen mir, hallen von den Spiegelwänden wider, dringen von allen Seiten auf mich ein.

Plötzlich bleibe ich wie angewurzelt stehen. Vor mir steht ein riesiger Spiegel, dessen Oberfläche wie dunkles Wasser schimmert. Er zeigt mich als Kind. Ich erkenne mich sofort wieder – vielleicht sechs oder sieben Jahre alt, mit großen, ängstlichen Augen und zitternder Unterlippe. Das Kind im Spiegel sieht so verloren aus – so einsam.

Ich strecke meine Hand aus, berühre vorsichtig die glatte Oberfläche des Spiegels. Das Kind tut es mir gleich, unsere Fingerspitzen treffen sich an der kalten Glasfläche. In diesem Moment verstummen alle Stimmen abrupt. Die plötzliche Stille ist ohrenbetäubend.

Eine Welle der Einsamkeit überschwemmt mich, so überwältigend, dass ich zu Boden sinke, die Hand immer noch am Spiegel, die Augen fest auf mein kindliches Ich gerichtet. Ich erkenne, dass die Einsamkeit dieses Kindes nichts anderes als meine eigene Einsamkeit ist. Sie drückt schwer auf meine Brust und raubt mir den Atem.

In der Ferne höre ich noch ein letztes, schwaches Echo. »David …« Dann ist es ganz still.

Inmitten dieser Stille, umgeben von zahllosen Reflexionen meiner selbst, wird mir die traurige Wahrheit bewusst: Ich bin vollkommen allein. Trotz meines Erfolgs, trotz all der Menschen, die mich umgeben, trotz meiner ständigen Geschäftigkeit bin ich tief in meinem Herzen einsam. Ich habe mich so sehr darauf konzentriert, stark und unabhängig zu sein, dass ich es verlernt habe, lebendige, warme und nährende Verbindungen einzugehen.

Das Kind im Spiegel weint jetzt, lautlos laufen die Tränen über seine Wangen. Ich spüre, wie auch mir Tränen in die Augen steigen. Zum ersten Mal seit Jahren lasse ich sie fließen. Ich kämpfe nicht länger gegen meine Gefühle an, sondern lasse den Schmerz und die Einsamkeit zu, die ich so lange unterdrückt habe.

Langsam stehe ich auf, wische mir die Tränen aus den Augen. Das Kind im Spiegel tut es mir gleich. Ich sehe dem Kind in die Augen, verliere mich in seinem unschuldigen Blick. Und zum ersten Mal scheint mir, dass ich es wirklich wahrnehme.

»Es tut mir leid«, flüstere ich. »Ich habe dich nie richtig gesehen. Ich habe dich vernachlässigt, habe uns beide vernachlässigt.«

Mit dieser Erkenntnis beginnt sich etwas zu verändern. Die Spiegelwände um mich herum werden durchsichtiger, weniger reflektierend. Ich kann jetzt durch sie hindurchsehen, in einen Raum dahinter. Dort erblicke ich eine schemenhafte, kleine Gestalt, die auf mich zu warten scheint.

Es ist das Kind aus dem Spiegel, das jetzt real und greifbar vor mir steht. Sein Gesicht ist weiterhin von Traurigkeit gezeichnet, seine Augen sind groß und scheinen mir voller unausgesprochener Fragen. Ich gehe auf das Kind zu, doch dann ist es plötzlich weg, verblasst wie ein Traum beim Erwachen.

Erst jetzt, da das Kind verschwunden ist, nehme ich meine Umgebung wirklich wahr. Der Raum, in dem ich mich befinde, sieht aus wie mein altes Kinderzimmer. Ich erkenne die blauen Tapeten mit den Weltraummustern, das Bett mit der Ritterburg-Bettwäsche, den alten Schreibtisch, auf dem noch meine Schulbücher liegen.

Ich stehe auf, überwältigt von den Erinnerungen, die dieser Raum in mir weckt. Mein Blick fällt auf die Tür. Sie müsste eigentlich in die anderen Zimmer des Hauses führen. Doch als ich die Klinke herunterdrücke, merke ich, dass ich mich getäuscht habe – ich bin wieder in Frau Jummas Hütte mitten im Wald. Sie sitzt in ihrem Sessel, als hätte sie sich nicht bewegt, seit ich durch die Tür der Ängste gegangen bin. Doch ihr Lächeln ist wärmer, verständnisvoller.

»Willkommen zurück, David«, sagt sie sanft. »Mir scheint, du hast eine lange Reise hinter dir.«

Ich nicke stumm, noch immer überwältigt von den Erfahrungen, die ich gemacht habe.

Ich lasse mich in den Sessel sinken, Frau Jumma gegenüber, eine Tasse dampfenden Tees in den Händen. Die Wärme der Tasse ist beruhigend. Sie ist ein Anker in der Wirklichkeit nach den surrealen Erfahrungen, die ich gerade durchlebt habe.

Lange sitzen wir uns schweigend gegenüber. Schließlich fragt Frau Jumma leise: »Wie geht es dir, David? Wie fühlst du dich?«

»Ich fühle mich ... hmm – irgendwie anders«, beginne ich zögernd. »Als hätte ich einen Teil von mir wiedergefunden, den ich lange verloren glaubte.«

Frau Jumma lächelt anerkennend. Ihr Blick sagt mehr als viele Worte.

Ich versuche einen Moment, mich zu erinnern, lasse die Erlebnisse Revue passieren. »Also, ich habe erkannt ...«, beginne ich. Doch dann komme ich ins Stocken. Ich überlege noch einmal. Ja, was habe ich denn eigentlich erkannt? Als ich ein wenig darüber nachdenke, wird es mir plötzlich ganz klar und ich sage: »Ich habe erkannt, dass meine Ängste mich zwar angetrieben, aber auch gefangen gehalten haben. Und dass wahre Stärke nicht darin liegt, keine Schwächen zu zeigen, sondern darin, trotz all der eigenen Schwächen immer weiter voranzugehen.«

Frau Jumma nickt zustimmend. »Ja, David, ich verstehe.«

»Und mir ist bewusst geworden, dass gut daran täte, Erfolg nicht in Titeln und Trophäen zu messen«, fahre ich fort, »sondern in den Verbindungen, die ich zu anderen Menschen habe, in der Fähigkeit, Mitgefühl zu zeigen – für andere und für mich selbst.«

Frau Jumma strahlt mich an. »Oh – mir scheint, du hast in kurzer Zeit viel gelernt.«

»Ja, und ich habe auch begriffen, wie wichtig es ist, dankbar zu sein«, füge ich hinzu. »Dankbar für die Menschen in meinem Leben, für die Erfahrungen, die mich geformt haben – selbst für die schwierigen.«

Frau Jumma lehnt sich vor, ihre Augen voller Anteilnahme und Anerkennung.

»Es war, als würde ich mich selbst heilen, indem ich diesem Kind – mir selbst – begegnet bin. War das alles wirklich oder war es nur meine Fantasie?«

Frau Jumma lehnt sich nach vorn und schaut mich ernst an und schüttelt den Kopf. »Wieso glaubst du, dass deine Fantasie nicht wirklich ist?«

Im ersten Moment bin ich verwirrt und brauche eine Weile, um ihre Worte zu begreifen.

Doch dann verstehe ich. Die Einsicht kommt wie ein Blitz aus heiterem Himmel: Die Wirklichkeit ist immer nur die Wirklichkeit, die wir gerade erkennen können.

»Was wir ›Wirklichkeit‹ nennen, ist nicht irgendwo da draußen, sondern in uns selbst«, fährt Frau Jumma fort, als hätte sie meine Gedanken gelesen. »Und du hast ganz recht: Indem wir Mitgefühl für unser früheres Selbst entwickeln, heilen wir auch unser gegenwärtiges Selbst.«

Wir sitzen einen Moment in nachdenklichem Schweigen und nippen an unserem Tee. Schließlich frage ich: »Bin ich ... bin ich jetzt bereit, nach Hause zu gehen? Habe ich gelernt, was ich hier lernen sollte?«

Frau Jumma sieht mich mitfühlend an. Ihr Blick ist voller Wärme. »Du bist tatsächlich schon einen weiten Weg gegangen, David, und ich bin sehr glücklich, das zu sehen. Vielleicht ist es dir noch nicht bewusst, aber du hast bereits Einsichten gewonnen, die viele Menschen ihr Leben lang nie haben werden. Aber ...«

»Aber meine Reise ist noch nicht zu Ende«, beende ich ihren Satz mit einem Augenzwinkern, überrascht darüber, wie ruhig ich mich bei diesem Gedanken fühle.

Sie schmunzelt. »Genau. Es gibt noch sehr viel mehr zu entdecken. Ich glaube aber, dass du dich darauf freuen kannst, denn den wohl schwierigsten Teil hast du schon hinter dich gebracht.«
Ich blicke zu den verbleibenden Türen hinüber. Sie sehen nicht gerade bedrohlich aus, eher ... einladend. Als würden sie auf mich warten. Nicht wie Raubtiere, nicht bösartig. Sie lauern nicht, sondern freuen sich auf mein Kommen, wie weise Großmütter, bereit, mir spannende und lehrreiche Geschichten zu erzählen.
»Die anderen Türen«, sage ich, nicht wirklich eine Frage.
»Ja«, bestätigt Frau Jumma. »Jede von ihnen kann dir neue Erkenntnisse eröffnen. Jede wird dich deinem wahren Selbst näher bringen. Sicher werden auch sie dich herausfordern – aber auf eine andere Art als die erste Tür.«
Ich nicke erwartungsvoll. Die Anspannung ist von mir abgefallen, die Angst verschwunden. Ich atme noch einmal tief ein und wieder aus. »Also gut, ich bin so weit«, sage ich. »Ich fühle mich ... stärker. Was immer kommen mag – ich werde mich ihm stellen.«
Frau Jumma lächelt, und dieses Mal ist es ein aufmunterndes Lächeln, das mir Kraft gibt. »Ja, David. Du hast bereits bewiesen, wie mutig du sein kannst. Aber denke nicht so sehr, dass du dich dem, was kommt, ›stellen‹ musst, dass du dich dagegen wappnen müsstest. Lass es stattdessen einfach zu und öffne dich dafür. Setze deine Reise nicht mit Willenskraft, sondern mit Offenheit und Achtsamkeit fort.«
Ich trinke meinen Tee zu Ende, blicke versonnen aus dem Fenster in die klare Nacht. Das silberne Licht des Mondes fällt auf die Baumkronen. Ich spüre meinen Gefühlen nach. Was mag mich noch erwarten? Nachdem

ich den letzten Schluck getrunken habe, stehe ich auf. Ich fühle mich erfrischt, gestärkt, bereit für die nächste Herausforderung.
Ich gehe auf die zweite Tür zu – es ist die sanft schimmernde Tür aus hellem Holz. Meine Hand liegt auf der Klinke, als ich mich noch einmal zu Frau Jumma umdrehe.
»Danke«, sage ich leise.
Frau Jumma antwortet mir mit einem sanften, ermutigenden Lächeln.
Ein Gefühl der Vorfreude breitet sich wie eine Welle in meinem Bauch aus, als ich die Tür öffne und hindurchtrete.

Die Tür des Mitgefühls

Als ich durch die Tür trete, bin ich plötzlich vom Lärm und der Hektik einer Großstadt umgeben. Ich befinde mich mitten auf einem belebten Platz, eingerahmt von hohen Gebäuden, Bürotürmen, dazwischen riesige Werbetafeln. Menschen eilen rastlos und mit grauen Gesichtern unbekannten Zielen entgegen. Ich stehe verwirrt inmitten der Hektik. Der Kontrast zu der ruhigen Atmosphäre in Frau Jummas Haus ist überwältigend.

Die Häuser kommen mir völlig unbekannt vor. Ich starre auf die Schilder und Gebäudefassaden dieser fremden Stadt. Die Buchstaben kommen mir vage bekannt vor, aber es sind eindeutig nicht die, die ich kenne. Ich kann die Schriften an den Gebäuden nicht lesen. Kurz frage ich mich, ob ich mich auf einem anderen Planeten befinde. Aber das ist natürlich Unsinn. Trotzdem bleibt ein verstörendes Gefühl – mir kommt es so vor, als hätte ich das Lesen verlernt.

Das Erste, was mir auffällt, ist die Farblosigkeit um mich herum. Eine graue Welt erstreckt sich vor mir, als hätte jemand sämtliche Farben daraus gesaugt. Die Menschen, die Gebäude, selbst der Himmel – alles zeigt sich in eintönigem Grau.

Während ich noch versuche, mich zu orientieren, beginne ich die Menschen um mich herum wahrzunehmen. Überall entdecke ich Zeichen von Not und Leid. Auf einer Bank sitzt ein alter Mann, zusammengesunken und mit leerem Blick. Nicht weit von ihm entfernt steht eine junge Mutter mit zwei quengelnden Kindern, offensichtlich überfordert und am Rande ihrer Kräfte. An einer Straßenecke kauert ein Obdachloser hinter einem schmutzigen Pappbecher – nur einige wenige Münzen liegen darin.

Mein erster Impuls ist es, wegzusehen. In meinem alten Leben hätte ich diese Szenen einfach ausgeblendet, wäre weitergegangen, zu beschäftigt mit meinen eigenen Angelegenheiten. Aber jetzt, nach all den Erfahrungen hinter der ersten Tür, kann ich nicht mehr einfach so tun, als würde ich es nicht sehen, als geschähe das in einer Welt, die nichts mit der meinen zu tun hat.

Ich gehe auf den alten Mann zu. Er sieht nicht auf, als ich mich neben ihn setze.

»Guten Tag«, sage ich sanft. Er dreht langsam den Kopf zu mir, seine Augen müde und resigniert.

»Was wollen Sie?«, fragt er mit rauer Stimme.

»Nichts«, antworte ich. »Ich dachte nur, Sie könnten vielleicht ein wenig Gesellschaft gebrauchen.«

Für einen Moment sieht er mich misstrauisch an, dann entspannt sich langsam sein Gesicht. »Oh, sicher – das wäre nett«, murmelt er.

Wir sitzen eine Weile schweigend nebeneinander. Ich frage mich, was dieser Mann wohl alles erlebt haben mag, welche Geschichten er in sich trägt. Zögernd beginnt er zu sprechen. Er erzählt von einem langen Leben, von seiner verstorbenen Frau, von seinen Kindern, die weit weg wohnen und selten anrufen. Ich höre zu, nicke verständnisvoll, frage hier und da nach.

Als ich aufblicke, bemerke ich verwundert, dass sich etwas verändert hat. Die Bank, auf der wir sitzen, und unsere unmittelbare Umgebung sind nicht mehr grau. Stattdessen staune ich über warme, freundliche Farben. Das Gras zu unseren Füßen ist grün, die Blumen in den nahen Beeten sind jetzt bunt: gelb, rot und violett.

Überrascht starre ich auf diese Veränderung. Die Welt ist zwar immer noch grau, aber in unserer Nähe scheinen die Farben aufgeblüht zu sein.

Als ich spüre, dass es Zeit wird, weiterzugehen, stehe ich auf und verabschiede mich von dem alten Herrn. Er lächelt mir zu, sein Gesicht nicht mehr so müde wie zuvor. Als ich weitergehe und mich noch einmal umdrehe, sehe ich, wie die Farben langsam wieder zu verblassen scheinen, aber ein Hauch davon bleibt doch zurück.

Ich gehe auf die Mutter mit den quengelnden Kindern zu und spreche sie sanft an. »Kann ich Ihnen helfen, Ihre Einkäufe zu tragen?« Sie zögert kurz und sieht mich skeptisch an. Erst zieht sie die Einkaufstaschen näher zu sich heran, als befürchtet sie, dass ich sie ihr wegnehmen will. Offenbar beschließt sie dann jedoch, dass keine Gefahr von mir ausgeht, denn es erscheint ein breites Lächeln auf ihrem Gesicht und mit einem Seufzen der Erleichterung überreicht sie mir die beiden großen Tragetaschen. Sie sind schwerer, als ich dachte. Während wir nebeneinander hergehen, schüttet sie mir ihr Herz aus. Sie klagt über die Herausforderungen des Alleinerziehens und erzählt mir davon, dass sie sich schon seit Langem müde und überfordert fühlt. Ich gebe keine Ratschläge – was für welche auch? Schließlich habe ich keine Ahnung von Erziehung und den Nöten alleinerziehender Mütter. Stattdessen tue ich nur das, was ich kann: Ich höre zu, zeige Verständnis und Mitgefühl.

Und wieder nehme ich die Veränderung in meiner Umgebung wahr. Als hätte ein unsichtbarer Pinsel die grauen Schleier beiseite gewischt, erwachen die Farben zum Leben und tauchen den ganzen Platz um uns in ein warmes, einladendes Licht.

Als ich mich an der Bushaltestelle verabschiede, lächelt mich die junge Frau dankbar an und die Farben werden noch intensiver. Die Stadt sieht nun beinahe freundlich aus; es herrscht zwar noch das Grau vor, aber alles hat zumindest ein wenig Farbe.

Als ich bei dem Obdachlosen stehen bleibe, frage ich ihn, ob er etwas zu essen möchte. Er nickt dankbar, und ich gehe los, um eine Kleinigkeit zu besorgen. Habe ich überhaupt Geld? Ich greife in meine Taschen – ja, da ist Geld. Ich bin nicht sicher, ob die Währung hier akzeptiert wird, aber es funktioniert: Im Laden kaufe ich Brot, Käse, Obst und eine Tafel Schokolade. Und eine Flasche Apfelsaft.

Als ich zurückkomme, setze ich mich zu ihm und wir teilen die Mahlzeit. Er erzählt mir von den unglücklichen Umständen, die ihn auf die Straße gebracht haben, von seinen Hoffnungen und Ängsten. Ich höre zu, ohne zu urteilen. Je länger ich seinen Worten lausche, desto tiefer berührt mich sein Schicksal, und ich spüre, wie sich mein Herz mit Mitgefühl füllt. Die grauen Pflastersteine um uns herum verwandeln sich in warme Terrakotta, der Himmel über uns nimmt einen sanften Blauton an.

Seltsam. Mit jeder Begegnung, mit jedem Moment des Mitgefühls, die in mir aufkeimen, breiten sich die Farben weiter aus. Es ist, als könnte ich mit meinen Handlungen alles um mich herum zu neuem Leben erwecken. Ich wundere mich darüber, dass ich offenbar tatsächlich Einfluss auf diese Welt habe. Aber ob das nur für diese Welt gilt? Ob es nicht ebenso in meiner Macht liegt, die Realität, aus der ich komme, auf ähnliche Weise zu verändern?

Ich beginne zu verstehen, wie kraftvoll Mitgefühl sein kann. Es verändert nicht nur mein Umfeld, sondern auch mich selbst. Ich fühle mich leichter, offener, verbundener mit den Menschen um mich herum.

Als die Sonne untergeht, hat sich die Stadt in ein Kaleidoskop von Farben verwandelt. Die Straßen leuchten in warmen Tönen, die Gebäude erstrahlen in freundlichen Farben, selbst der Himmel schimmert in einem atemberaubenden Spektrum von Rot, Orange und Violett.

Ich setze mich auf eine Bank in einem nun bunt blühenden Park und lasse meine Erfahrungen Revue passieren. Mir wird klar, dass Mitgefühl nicht nur ein Geschenk an andere ist, sondern auch an mich selbst. Es öffnet mein Herz, verbindet mich mit den Menschen und gibt meinem Leben eine tiefere Bedeutung.

Ich denke noch über die Bedeutung der Erkenntnis nach, die ich eben gewonnen habe, als auf einmal ein Leuchten meine Aufmerksamkeit gefangen nimmt. In einer alten Mauer, die um den Park führt, sehe ich ein altes Messingtor, das die Sonnenstrahlen auf merkwürdige Weise reflektiert. Mein Instinkt sagt mir, dass es mich zum nächsten Teil meiner Reise führen wird. Mit einem letzten Blick auf die farbenfrohe und lebendige Stadt stehe ich auf und gehe auf das Tor zu.

Das schwere Messingtor ächzt in den Scharnieren, als wäre es schon lange nicht mehr geöffnet worden. Als ich hindurchtrete, finde ich mich in einem großen, blühenden Garten wieder. Im Gegensatz zu der geschäftigen Stadt, die ich gerade verlassen habe, herrscht hier eine ruhige, friedvolle Atmosphäre. Sanftes Sonnenlicht fällt durch die Blätter majestätischer Bäume, und der Duft unzähliger Blumen erfüllt die Luft.

Ich folge einem gewundenen Pfad, der mich tiefer in den Garten führt. Plötzlich bleibe ich wie angewurzelt stehen. Vor mir, auf einer Wiese, sehe ich einen kleinen Jungen. Er sitzt im Gras, die Knie an die Brust gezogen, und weint leise. Ich erkenne mich sofort selbst darin, als ich vielleicht sechs oder sieben Jahre alt war.

Ohne zu zögern, gehe ich zu ihm und knie mich neben ihn. »Hey«, sage ich sanft, »was ist los?«

Der Junge sieht zu mir auf, seine Augen voller Tränen. »Ich habe Angst«, flüstert er. »Ich trau mich nicht, mit anderen Kindern zu spielen. Aber mein Papa lacht mich aus und sagt, dass ich mutig sein muss.«

Mein Herz zieht sich zusammen. Ich erinnere mich an diese Gefühle, an die Angst und die Selbstzweifel, die mich schon in so jungen Jahren plagten.

»Es ist okay, Angst zu haben«, sage ich sanft und lege meinen Arm um seine schmalen Schultern. »Du musst gar nicht mutig sein. Du bist doch noch klein. Außerdem ist niemand immer mutig, und dein Papa ganz bestimmt auch nicht.« Ich sehe den Kleinen freundlich an. »Glaub mir, du bist ein toller Junge – und weißt du was: So wie du bist, bist du genau richtig. Du musst nicht versuchen, ein anderer zu sein.«

Das Kind sieht mich mit großen Augen an, als könne es kaum glauben, was es hört. Langsam hören die Tränen auf zu fließen. Ich halte ihn einfach, lasse ihn spüren, dass er nicht allein ist. Nach einer Weile löst er sich von mir, ein zaghaftes Lächeln auf seinem Gesicht. Dann verblasst seine Gestalt und verschwindet.

Ich stehe auf und laufe weiter den Pfad entlang. Er führt mich zu einem kleinen Teich. Dort sitzt ein Teenager auf einem Felsen, das Gesicht in den Händen vergraben. Auch ihn erkenne ich sofort – es ist mein 15-jähriges Ich.

Ich setze mich neben ihn. »Schweren Tag gehabt?«, frage ich.

Er sieht auf, sein Gesicht eine Mischung aus Wut und Verzweiflung. »Heute gab's Zeugnisse. Ich habe alles vermasselt«, sagt er bitter. »Ich bin ein Versager.«

Ich erinnere mich noch genau an diesen Tag. Ich hatte gerade mein Zeugnis nach Hause gebracht. Aber zwischen den ganzen Einsern war die 2 in Erdkunde und die 3 in Französisch. Eines der besten Zeugnisse der Klasse, wie immer. Aber ich war nicht zufrieden; und mehr noch: Ich wusste, dass meine Eltern erst recht nicht zufrieden waren. Die enttäuschten Blicke meines Vaters sprachen Bände.

»Ach was – du bist überhaupt kein Versager«, sage ich fest. »Im Gegenteil. Dein Zeugnis ist doch wirklich klasse.«

»Aber es reicht eben nicht!«, protestiert er.

Ich lächle verständnisvoll. »Ich weiß, Papa sagt das immer. Aber glaub bitte nicht alles, was er sagt. Du bist einer der Besten der Klasse. Du hast einen Notendurchschnitt von 1 und ein paar Zerquetschten hinter dem Komma. Dich selbst einen Versager zu nennen, ist wirklich blöd. Und unfair. Was ist denn so schlimm daran, wenn du mal Fehler machst? Sei nicht so hart zu dir selbst. Aus Fehlern lernt man am meisten.«

Wir sitzen eine Weile schweigend nebeneinander, beobachten, wie sich die Sonne im Wasser des Teichs spiegelt. Ich spüre, wie sich die Anspannung in dem Jungen, der ich einst war, langsam löst. Schließlich steht er auf, nickt mir dankbar zu und verschwindet wie das Kind zuvor.

Mein Weg führt mich weiter zu einer Waldlichtung. Ein junger Mann – vielleicht zwanzig Jahre alt – geht dort nervös auf und ab. Wieder erkenne ich mein früheres Ich – diesmal kurz nach dem Universitätsabschluss und unmittelbar vor dem Eintritt ins Berufsleben.

Er wundert sich offenbar überhaupt nicht über mein Erscheinen und fängt gleich an, frei von seinen Sorgen zu erzählen. So als würde er mit sich selbst sprechen, was er in gewisser Weise ja auch tut. »Ich weiß nicht, ob ich das kann«, sagt er. »Was, wenn ich versage? Was, wenn ich die falsche Entscheidung treffe? Oh Mann. Sollte ich nicht lieber den Plattenvertrag unterschreiben? Jörg würde sich so freuen! Aber was würde Papa dann sagen?«

Ich trete näher, lege ihm vorsichtig eine Hand auf die Schulter. »Weißt du, ich glaube, niemand weiß mit Sicherheit, was die Zukunft bringt. Aber was ich auf jeden Fall weiß, ist, dass du stark bist und viele Talente hast. Vertrau dir selbst und glaub mir: Du wirst deinen Weg finden, wenn du tust, was dein Herz dir sagt.«

»Schön und gut – aber was, wenn das mit der Musik nicht hinhaut?«, fragt er ängstlich. »Papa wird bestimmt dagegen sein – vor allem jetzt, wo ich so ein gutes Angebot bei Becker & Klaus bekommen hab. Wenn ich mich jetzt entscheide, trotzdem weiter Musik zu produzieren, wird er garantiert ausflippen. Und wenn dann aus der Musik nichts wird …«

»Dann lernst du eben daraus und wächst«, antworte ich. »Man darf sich ruhig auch mal falsch entscheiden. Fehler sind keine Niederlagen, sondern Wegweiser. Sei geduldig und freundlich zu dir selbst. Du hast Zeit, dich zu entwickeln – und irgendwie hab ich sowieso das Gefühl, dass das mit der Musik genau dein Ding ist und dass du damit Erfolg haben wirst.«

Ich sehe, wie sich seine Haltung entspannt, wie ein Teil der Last, die er schon viel zu lange auf seinen Schultern trägt, von ihm abfällt. Er lächelt mich dankbar von der Seite an, bevor auch er verschwindet.

Ich bleibe noch eine Zeit lang sitzen und lasse meine Erlebnisse auf mich wirken. Was sind das nur für eigenartige Begegnungen? Es ist, als würde ich eine Reise in meine eigene Vergangenheit machen. Doch während dieser Reise, während all dieser Begegnungen, die letztlich Begegnungen mit mir selbst sind, spüre ich, wie sich etwas in mir wandelt. Die kritische Stimme in meinem Kopf, die mein Denken so lange beherrscht hat, wird leiser. An ihre Stelle tritt ein Gefühl von Akzeptanz und Verständnis für mich selbst.

Als ich meinen Weg fortsetze, führt der Pfad mich schließlich zu einem klaren See. Das Wasser wirkt wie ein blanker, silberner Spiegel. Nicht die kleinste Welle trübt die Klarheit. Zögernd trete ich ans Ufer und blicke hinein.

Was ich sehe, raubt mir den Atem. Ich sehe mich selbst, aber nicht nur mein äußeres Spiegelbild. Ich schaue tiefer, erkenne, was sich hinter der Fassade verbirgt. Ich sehe meine Stärken und Schwächen, meine Ängste und Hoffnungen, meine Fehler und Erfolge. Und zum ersten Mal betrachte ich all das ohne Kritik, ohne mich für irgendetwas zu verurteilen. Ich erkenne, dass all diese Aspekte zu mir gehören. Sie sind Teil von mir und machen mich zu dem Menschen, der ich bin. Die Fehler, die ich gemacht habe, die Ängste, die ich durchlebt habe – all diese vermeintlichen Schwächen sind zugleich Quellen der Stärke und Wegbereiter meines inneren Wachstums.

In diesem Moment spüre ich eine Welle von Liebe für mich selbst, so stark und warm, dass es mir Tränen in die Augen treibt. Ich verstehe plötzlich, was es bedeutet, sich selbst nachsichtig und gütig zu behandeln – so verständnisvoll, wie man seinen besten Freund behandeln würde.

»Es ist okay«, flüstere ich mir selbst zu. »Du bist okay genau so, wie du bist. Du musst nicht perfekt sein. Du bist menschlich, mit all deinen Fehlern und Schwächen, und das ist gut so.«

Als ich diese Worte leise ausspreche, beginnt das Wasser des Sees zu strahlen. Es scheint, als würde ein inneres Licht von mir ausgehen, das sich im Wasser spiegelt und den ganzen See erhellt.

Ergriffen setze ich mich ans Ufer und lasse dieses neue Gefühl auf mich wirken. Ich muss an die vielen Momente denken, da ich hart und kritisch zu mir selbst war, an all die Situationen, in denen ich mich für Fehler oder Schwächen verurteilt habe. Doch jetzt gelingt es mir, mir selbst zu vergeben. Nicht nur für die großen Dinge, sondern auch für die kleinen täglichen Momente der Selbstkritik.

Während ich dort sitze, spüre ich, wie sich etwas in mir löst, als ob ein Gewicht, von dem ich nicht einmal wusste, dass ich es mit mir herumtrug, von mir abfällt. Ich fühle mich leichter, freier, mehr im Einklang mit mir selbst. Bis vor Kurzem hätte ich gedacht, dass Selbstmitgefühl weinerliches Selbstmitleid und ein Ausdruck von Schwäche ist. Doch jetzt verstehe ich, dass es eine Form der Reife bedeutet, sich selbst annehmen zu können – dass es eine große Stärke ist, seine eigenen Fehler zu akzeptieren und aus ihnen zu lernen, statt von ihnen gelähmt zu werden. Selbstmitgefühl gibt mir die Freiheit, es zu versuchen, zu scheitern und wieder aufzustehen, ohne mich selbst dafür zu verurteilen.
Als die Sonne untergeht und den See in goldenes Licht taucht, stehe ich auf. Ich fühle mich erneuert, als hätte ich eine tiefe innere Heilung erfahren. Ich weiß, dass der Weg der Selbstakzeptanz und des Selbstmitgefühls nicht immer einfach sein wird. Es wird sicher Tage geben, an denen die alte, kritische Stimme wieder lauter wird. Aber auch das ist okay, denn jetzt habe ich verstanden, wie ich ihr mit Güte und Mitgefühl begegnen kann.
Nahe dem See erkenne ich eine strahlende Pforte. Sie steht mitten auf einem offenen Feld und ich wundere mich, dass ich mich inzwischen über nichts mehr wundere. Ich spüre, dass sie mich erwartet, und gehe auf sie zu. Bevor ich sie öffne, halte ich noch einmal inne. Ich lege eine Hand auf mein Herz und flüstere: »Alles ist gut. Ich bleibe jetzt bei dir. Immer.« Es ist ein Versprechen an mich selbst, ein Versprechen der Selbstfürsorge und des Mitgefühls, mit dem ich die Pforte durchschreite.

Ich blinzele und stehe wieder in Frau Jummas geheimnisvoller Hütte. Eben noch am leuchtenden See, nun im gemütlichen Sessel an ihrem Tisch. Der Übergang war so nahtlos, dass ich für einen Moment verwirrt bin.
Frau Jumma sitzt mir gegenüber und sieht mich interessiert an. Vor ihr steht die dampfende Teekanne und ein Teller mit selbst gebackenen Honigplätzchen, deren süßer Duft sich mit dem vertrauten Teearoma vermischt.
»Willkommen zurück, David«, sagt sie sanft und gießt mir eine Tasse ein. »Du siehst ...« – sie hält inne und sieht mich lange an – »ziemlich verändert aus.«
Ich nehme die Tasse, die sie mir anbietet, dankbar entgegen und muss grinsen. »Ja, ich fühle mich auch tatsächlich – ziemlich verändert«, antworte ich. »Es fühlt sich so an, als hätte ich einen Teil von mir wiedergefunden, von dem ich noch nicht einmal wusste, dass er verloren war.«
Frau Jumma nickt verständnisvoll. »Die Reise des Mitgefühls kann sehr viel in unserem Leben verändern.«
Ich nehme einen Schluck Tee und lasse mir einen Moment Zeit, meine Gedanken zu ordnen. »Es war ... überwältigend«, beginne ich. »Zuerst war da diese Stadt mit den vielen Menschen, die in Not waren. Ich weiß nicht, was mit mir passiert ist. Normalerweise hätte ich diese Leute kaum wahrgenommen, aber auf einmal habe ich die Menschen wirklich als Menschen gesehen. Und dann habe ich gespürt, wie gut es nicht nur ihnen, sondern auch mir selbst tut, wenn ich mich ihnen wirklich ganz zuwende.«
Frau Jumma nickt und lächelt versonnen.

»Ich fühle mich … offener. Ehrlich gesagt habe ich mich ja nie besonders verbunden mit den Menschen um mich herum gefühlt. Aber jetzt? Meine Perspektive hat sich völlig verändert.« Unwillkürlich schleicht sich ein Lächeln auf mein Gesicht. »Und dabei habe ich gemerkt, dass meine eigenen Sorgen und Ängste gar nicht so unglaublich wichtig sind.«

»Mitgefühl öffnet das Herz für die Welt um uns herum«, sagt Frau Jumma. »Es lässt uns erkennen, dass wir alle verbunden sind, alle Teil derselben menschlichen Erfahrung.«

Ich denke einen Moment darüber nach, dann fahre ich fort: »Und dann war da dieser Garten … und die Begegnungen mit meinem jüngeren Selbst. Das war …« Mir fehlen die Worte.

Frau Jumma sagt nichts, sondern sieht mich nur ruhig mit ihren tiefen grünen Augen an.

»Es war einerseits schmerzhaft, all diese alten Ängste und Unsicherheiten wieder zu erleben«, sage ich. »Aber gleichzeitig war es auch sehr wichtig … und sehr heilsam. Als ich meinem jüngeren Ich begegnet bin, war mir sofort klar, dass ich damals viel mehr Unterstützung und Verständnis gebraucht hätte. Und nun konnte ich mir all das selbst geben.«

Mit einer fließenden Handbewegung deutet Frau Jumma einladend auf die Plätzchen. Ich greife zu und genieße den süßen Honiggeschmack.

»Selbstmitgefühl ist der schwierigste, aber auch der wichtigste Schritt«, erklärt sie mir. »In der Sorge um andere vergessen wir oft, auch gut zu uns selbst zu sein.«

Ich halte inne, schließe kurz die Augen und lasse Frau Jummas Worte auf mich wirken. »Ich fühle mich … eins mit mir selbst. Als hätte ich Frieden geschlossen mit Teilen von mir, die ich lange abgelehnt oder ignoriert habe. Es ist, als hätte ich einen inneren Verbündeten gefunden. Einen Vertrauten, der nicht ständig alles kritisiert und herummäkelt, sondern offen und verständnisvoll ist.«

»Das ist eine wunderbare Erkenntnis, David«, sagt Frau Jumma anerkennend. »Und es stimmt. Selbstmitgefühl ist wie ein innerer Freund – der beste Freund, den du haben kannst.«

Ich nicke nachdenklich. »Papa hatte unrecht. Selbstmitgefühl ist nicht Selbstmitleid oder Schwäche. Es ist eine Quelle der Stärke.«

Frau Jumma strahlt. »Du hast in kurzer Zeit so viel gelernt und verstanden! Diese Erkenntnisse werden dir auf deinem weiteren Weg noch sehr nützlich sein.«

»Mein weiterer Weg ...«, wiederhole ich und seufze. Das hatte ich ganz vergessen. Nachdenklich blicke zu den verbleibenden Türen hinüber. »Was erwartet mich wohl als Nächstes?«

Frau Jumma folgt meinem Blick. »Das, David, liegt ganz bei dir.«

Ich betrachte die beiden Türen und weiß sofort, durch welche ich als Nächstes gehen werde ...

Die Tür der Verbundenheit

Als ich sie öffne, umhüllt mich schlagartig der Duft von feuchter Erde und frischem Grün. Ich trete durch die Tür und finde mich in einem gewaltigen, uralten Wald wieder. Die Bäume ragen so hoch auf, dass ich ihre Kronen kaum erkennen kann. Das Sonnenlicht fällt in goldenen Streifen durch das dichte Blätterdach und taucht alles in ein magisches, schimmerndes Licht.

Ich atme tief durch und spüre sofort, dass dieser Wald anders ist als ein normaler Wald. Die Luft vibriert geradezu vor Leben und Energie. Um mich herum glaube ich, ein leises Flüstern zu vernehmen, gerade so, als würden die Bäume miteinander sprechen. Ihre Äste bewegen sich sanft, obwohl hier unten auf dem weichen Waldboden kein Wind zu spüren ist. Ich drehe mich um, als ich eine Bewegung im Augenwinkel wahrnehme – und zucke zusammen. Vor mir erscheint eine schimmernde, ätherische Gestalt. Sie hat die vage Form eines Menschen, aber ihr Körper scheint aus Licht und Schatten zu bestehen, durchzogen von Adern, die wie Baumrinden aussehen. »Willkommen, David«, spricht sie, ihre Stimme ein Rauschen wie Wind in den Blättern. »Öffne dein Herz. Öffne dich und erkenne, was es bedeutet, wahrhaft mit deiner Lebensquelle verbunden zu sein – denn das ist der Sinn deines Hierseins.«

Ehe ich antworten kann, scheint der Wald um mich herum zu verschwimmen, wie ein Aquarell im Regen. Es ist, als würde ich gleichzeitig schrumpfen und wachsen. Meine Füße verwurzeln sich im Boden, meine Arme strecken sich zum Himmel, meine Haut wird zu Rinde. Ich verwandele mich – werde zu einem Baum.

Alles dreht sich. Die Konturen der Welt scheinen ineinanderzufließen. Doch ich wehre mich nicht und lasse es geschehen. Meine Wurzeln dringen tief in die Erde hinein. Ich kann fühlen, wie sie Wasser und Nährstoffe aufsaugen. Jeder Schluck eine Explosion von Energie, die durch meinen Stamm nach oben schießt. Ich spüre die Sonne auf meinen Blättern, wie sie mich nährt und stärkt.

Das Erstaunlichste aber ist, dass ich plötzlich Teil eines weitreichenden, lebendigen Netzwerks bin. Durch meine Wurzeln bin ich mit den anderen Bäumen um mich herum verbunden. Ich kann ihre Präsenz spüren, ihren stillen Gesprächen lauschen. Wir tauschen Energien aus, warnen uns gegenseitig vor Gefahren, stehen den Schwachen unter uns bei.

Ich erlebe den langsamen, majestätischen Rhythmus des Waldes. Die gewöhnliche, menschliche Zeit spielt hier keine Rolle mehr. Tage und Nächte vergehen in Augenblicken, Jahreszeiten wechseln sich ab. Ich fühle, wie meine Blätter im Herbst fallen, wie ich im Winter in einen tiefen Schlummer falle, um dann im Frühling mit neuer Kraft zu erwachen.

Und in all dem spüre ich den ewigen Herzschlag der Erde selbst. Es ist ein tiefer, langsamer Puls, der durch alles Lebendige fließt; ein Pulsieren, das mir mit unumstößlicher Gewissheit zeigt, dass ich nicht nur ein einzelner Baum, sondern Teil eines riesigen, lebenden Organismus bin – des Waldes, der Natur, der Erde selbst.

Als ich mich auf dem Boden liegend wiederfinde, kommt es mir vor, als wäre ich aus einem endlosen Traum erwacht. Ich kann meine Finger bewegen, spüre, dass ich wieder meine menschliche Form angenommen habe. Noch immer bin ich überwältigt von dem Gefühl der Verbundenheit, das ich erlebt habe. Ich sehe den Wald nun mit völlig neuen Augen. Vielleicht ist es ja das, was der Pilzmann meinte, als er davon sprach, wie wichtig es sei, nicht nur mit den Augen, sondern mit dem Herzen zu sehen. Jeder Baum, jede Pflanze, jedes kleinste Insekt ist Teil dieses großen Ganzen.

Der Geist des Waldes erscheint wieder vor mir. »Dies ist nur der Anfang deiner Reise«, sagt er sanft. »Ein erster Einblick. Doch es gibt noch viel mehr zu entdecken, zu fühlen, zu verstehen. Bist du offen dafür?«

Ich nicke, sprachlos vor Ehrfurcht und Dankbarkeit für diese unglaubliche Erfahrung. Ich weiß, dass ich in Zukunft nie wieder einen Wald betreten werde, ohne dieses tiefe Gefühl der Verbundenheit zu empfinden.

Mit einer sanften Kopfbewegung deutet der Geist des Waldes nach oben. Ich folge seinem Blick und sehe einen majestätischen Adler, der hoch über den Baumkronen kreist. Plötzlich spüre ich, wie mein Körper leicht wird, als würde er sich auflösen. Ein Kribbeln breitet sich in meinen Schulterblättern aus, wandert meine Arme entlang bis in die Fingerspitzen. Meine Haut beginnt zu prickeln, als würden tausend kleine Federn daraus hervorsprießen. Im nächsten Moment finde ich mich in der Luft wieder, schwebend auf mächtigen Schwingen.

Ich bin der Adler.

Die Verwandlung ist atemberaubend. Meine Sicht ist messerscharf, ich kann jedes kleinste Detail am Boden erkennen, selbst aus großer Höhe. Die Welt unter mir breitet sich wie ein lebendiger Teppich aus – ein Mosaik aus Grün, durchzogen von silbrigen Bächen und Flüssen.

Mit einem kräftigen Flügelschlag steige ich höher und höher. Die Luft wird dünner, kühler, aber ich fühle mich stärker denn je. Ich gleite auf Luftströmungen – jede kleinste Veränderung in der Luft spüre ich an meinen Federn und passe meine Flugbahn instinktiv an.

Von hier oben sehe ich den Wald in seiner ganzen Pracht. Ich erkenne Muster und Zusammenhänge, die vom Boden aus verborgen blieben. Flüsse schlängeln sich durch das Land wie Lebensadern. Ich sehe, wie verschiedene Teile des Waldes ineinander übergehen, wie sie sich gegenseitig durchdringen und nähren.

Und da! Plötzlich entdecke ich eine Maus auf einer Lichtung. Ohne nachzudenken, gehe ich in einen Sturzflug über. Der Wind pfeift an mir vorbei, die Erde rast auf mich zu. Im letzten Moment breite ich meine Schwingen aus und lande fast lautlos neben der erschrockenen Maus.

In diesem Moment realisiere ich die Verbundenheit von Jäger und Gejagtem. Ich spüre den Hunger des Adlers, aber zugleich auch die Angst der

Maus. Ich verstehe, dass beides für das Gleichgewicht des Waldes notwendig ist. Leben und Tod, Furcht und Mut – alles ist Teil des großen Ganzen.

Ich lasse die Maus leben und erhebe mich wieder in die Lüfte. Nun fliege ich tiefer, unterhalb der Baumkronen, durch den Wald. Ich sehe Tiere, die sich im Unterholz verstecken, Vögel, die ihre Nester bauen, Insekten, die geschäftig von Blüte zu Blüte fliegen. Jedes Lebewesen hat seine Rolle, seinen Platz im Ganzen.

Während meines Fluges nehme ich auch die unsichtbaren Verbindungen wahr. Ich spüre die Luftströmungen, die Samen und Pollen über weite Strecken tragen. Ich sehe, wie Vögel Früchte fressen und deren Samen an anderen Orten ausscheiden und neues Leben säen. Ich erkenne, wie jede noch so kleine Handlung Auswirkungen auf das Ganze hat.

Als die Sonne untergeht, lande ich auf dem höchsten Ast eines uralten Baumes. Von hier aus überblicke ich den ganzen Wald, sehe, wie er im letzten Licht des Tages glüht. Ich fühle eine tiefe Verbundenheit mit allem. Der Wald ist nicht länger eine Ansammlung einzelner Bäume und Tiere – er ist ein lebender, atmender Organismus, und ich bin ein Teil davon. Ich segle hinab zum Boden.

Langsam spüre ich, wie ich meine menschliche Form zurückerlange. Der Geist des Waldes erscheint neben mir, seine Präsenz beruhigend und warm.

»Du beginnst zu verstehen«, sagt er leise. »Aber es gibt noch mehr zu lernen. Bist du bereit für die nächste Erfahrung?«

Ich nicke, erfüllt von Ehrfurcht und Dankbarkeit für das, was ich erlebt habe. Nie hätte ich mir vorstellen können, dass ich jemals die Welt aus den Augen eines Adlers sehen würde. Diese Erfahrung hat meine Perspektive für immer verändert.

Unweit murmelt ein kleiner Bach. Der Geist des Waldes weist mir sanft den Weg zu seinem Ufer. Ich stehe am Bach und blicke hinein. Vor meinen Augen löst sich mein Spiegelbild in tausend Tropfen auf. Ein Schauer durchläuft meinen Körper, als würde jede meiner Zellen zu flüssigem Kristall. Meine Konturen verschwimmen, werden durchscheinend wie Morgentau. Ich fühle, wie ich leichter werde, wie sich mein Bewusstsein ausdehnt und gleichzeitig zusammenzieht. Die Schwerkraft verliert ihre Macht über mich. Plötzlich bin ich selbst ein Wassertropfen, schwebe durch die Luft und lande sanft auf der Oberfläche des Baches.

Als Wassertropfen fließe ich den Bach hinunter, vereinige mich mit anderen Tropfen zu einem rauschenden Strom. Ich spüre die Kraft des Wassers, wie es Steine glattschleift und Leben spendet. Fische schwimmen durch mich hindurch, ich fließe durch ihre Kiemen. Am Ufer strecken Pflanzen ihre Wurzeln nach mir aus, saugen mich auf und lassen mich durch ihre Blätter wieder verdunsten.

Die Sonne wärmt mich, und ich steige als Wasserdampf in den Himmel auf. Ich fühle mich leicht und frei, schwebe höher und höher. In der kühlen Luft werde ich wieder zum Tropfen, werde Teil einer Wolke. Gemeinsam mit Abertausenden von anderen Tropfen schwebe ich über Wälder und Felder, Berge und Täler. Ich spüre die Spannung, die sich in der Wolke aufbaut und sich entladen muss.

Als Regentropfen falle ich wieder zur Erde, lande auf einem Blatt, perle an seinem Rand entlang und versickere im Boden. Ich nähre die Wurzeln von Bäumen und Pflanzen. Langsam bewege ich mich durch Bodenschichten, reinige mich dabei und sammle Mineralien.
Nach unzähligen Tagen und Nächten sprudele ich aus der Tiefe der Erde in einer Quelle hervor. Ich beginne meinen Weg von Neuem als Teil eines Baches, werde zum Fluss und ergieße mich schließlich ins Meer. Im Ozean tragen mich gewaltige Strömungen durch die Weiten und Tiefen der Weltmeere. Ich erlebe die Kraft von Stürmen und die Ruhe der Tiefsee.
Immer und immer wieder wiederholt sich der Kreislauf, über Jahreszeiten und Jahre, über Jahrhunderte, Jahrtausende hinweg. Ich erkenne, wie das Wasser alles Leben verbindet, wie es die Erde umspannt und nährt. Und jeder noch so kleine Tropfen trägt seinen Teil zu diesem Wunder des Lebens bei.
Nach Äonen der Wanderschaft durch den ewigen Kreislauf des Wassers spüre ich, dass etwas anders ist. Als winziger Tropfen auf einem Grashalm ruhend, beginne ich, in der Sonne zu verdunsten. Aber diesmal ist es mehr als Verdunstung. Anstatt als unsichtbarer Dampf aufzusteigen, fühle ich, wie sich etwas in mir formt. Es ist, als würde ich mich ausdehnen und gleichzeitig neu zusammensetzen.
Meine Wahrnehmung schärft sich: Farben, Klänge, Wärme, Kälte ... ich kann sehen, hören, fühlen. Ich spüre Erde unter meinen Füßen, Luft in meinen Lungen, das Pulsieren von Leben in mir. Ich bin wieder Mensch geworden.
Ich blinzele mehrmals, passe mich langsam an die menschliche Sichtweise an. Es fühlt sich seltsam an, wieder ein begrenztes Wesen zu sein,

nachdem ich die grenzenlose Freiheit des Wassers erlebt habe. Gleichzeitig ist es jedoch tröstlich, wieder in meinem vertrauten Körper zu sein.
Ich strecke meine Glieder, spüre das Gewicht meines Körpers, die Kraft in meinen Muskeln. Tief atme ich ein und aus, genieße das Gefühl, wie sich meine Lungen mit Luft füllen. Ein Lächeln breitet sich auf meinem Gesicht aus, als ich mich an meine Reise als Wassertropfen wie an einen vagen Traum erinnere. Ich weiß, dass ich diese Erinnerung für immer in meinem Herzen bewahren werde.

Vollständig in meine menschliche Form zurückgekehrt, blicke ich mich um und finde mich auf der sonnendurchfluteten Lichtung wieder, umgeben von den Menschen, die in meinem Leben eine Rolle gespielt haben. Um mich herum erkenne ich überall Gesichter – Gesichter, von denen ich einige schon fast vergessen hatte.
Da ist meine Familie: Meine Eltern, deren Erwartungen mich so lange angetrieben und mich gequält haben – doch jetzt wirken sie mitfühlend und lächeln mir zu. Meine Großeltern, deren Weisheit ich erst jetzt richtig zu schätzen weiß.
Ich sehe Freunde aus verschiedenen Lebensphasen: Schulkameraden, Mitstudenten, Arbeitskollegen. Sogar flüchtige Begegnungen sind vertreten: der freundliche Barista, der mir jeden Morgen meinen Kaffee zubereitet. Die alte Dame, der ich einmal über die Straße geholfen habe. Der obdachlose Mann, an dem ich so oft achtlos vorbeigegangen bin.

Jörg, mein alter Musikerfreund, steht plötzlich neben mir. »Hey, erinnerst du dich noch an unseren ersten Song?«, fragt er lachend. »Wir sollten wieder mal zusammen spielen.«
Lisa, meine Kindheitsliebe, lächelt mich liebevoll an. »Du hast dich verändert, David«, sagt sie sanft. »Aber deine Augen sind noch dieselben.«
Ich erkenne, dass ich mit all diesen Menschen verbunden bin. Jeder von ihnen hat mich auf seine eigene Weise geprägt. Jede Begegnung, jedes Gespräch, jede Interaktion hat mich geformt, hat mich zu dem Menschen gemacht, der ich heute bin.
Doch ebenso, wie andere mich geprägt haben, habe ich auch andere beeinflusst – im Guten wie im Schlechten. Ich erkenne die große Verantwortung, die ich meinen Mitmenschen gegenüber habe und begreife, dass meine Handlungen, meine Worte, ja, sogar meine Gedanken Auswirkungen haben, die weit über mich hinausreichen. Ich erkenne, dass meine Handlungen, meine Worte, ja, sogar meine Gedanken Auswirkungen haben, die weit über mich hinausreichen.
In diesem Moment verstehe ich, was ich durch die Vereinigung mit der Erde, der Luft und dem Wasser, die der Waldgeist mir ermöglicht hat, lernen sollte: dass ich nicht isoliert bin. Ich bin Teil eines riesigen Netzwerks. Und das gilt nicht nur für die Natur, sondern auch für alle Beziehungen und Verbindungen zu anderen Menschen. Jeder von ihnen ist einzigartig, wertvoll auf seine eigene Art. Und gleichzeitig sind wir alle Teil eines größeren Ganzen.
Der Geist des Waldes erscheint wieder. »Wahre Verbundenheit«, sagt er rauschend, »bedeutet, die Einzigartigkeit jedes Individuums zu respektieren und gleichzeitig die harmonische Einheit aller Dinge zu würdigen.

Wo immer du bist, wem auch immer du begegnest – vergiss diese Wahrheit nicht, David.«

Er löst sich auf und ich sehe in einer gewaltigen Eiche eine Baumhöhle. In ihr flackert ein einladendes, warmes Licht. Ich bücke mich und betrete die Höhle – und stehe wieder in Frau Jummas Hütte.

Sie sitzt mir gegenüber, ein warmes, wissendes Lächeln auf ihrem Gesicht. »Willkommen zurück, David«, sagt sie und reicht mir eine dampfende Tasse Tee. »Mir scheint, du hast eine außergewöhnliche Reise hinter dir. Du warst sehr lange fort.«

Ich nehme die Tasse dankbar an, spüre die Wärme in meinen Händen. »Ja, das stimmt – es fühlt sich an, als wäre ich eine Ewigkeit weg gewesen«, antworte ich, noch immer überwältigt von meinen Erfahrungen. »Und außergewöhnlich war meine Reise in der Tat. Ich habe so viel gesehen, so viel gelernt. Über die Natur, über andere Menschen – vor allem aber über mich selbst.«

Frau Jumma nickt verständnisvoll. »Die Tür der Verbundenheit ist die Tür zu einer sehr besonderen, erleuchtenden Erfahrung.«

»Es hat sich alles verwandelt«, antworte ich. »Die Art, wie ich die Welt sehe, wie ich mit anderen umgehe, wie ich Entscheidungen treffe. Ich fühle mich ... verbundener. Weniger isoliert. Und ich spüre inzwischen eine große Verantwortung, achtsam und mitfühlend zu leben.«

Frau Jumma wirkt glücklich. »Ich habe gehofft, aber ich war mir nicht ganz sicher, dass du wirklich so vieles in so kurzer Zeit lernen würdest, als du an meine Tür geklopft hast, David. Ich freue mich sehr für dich.«

Ich nicke nachdenklich, nehme einen Schluck von meinem Tee und greife noch einmal zu den Honigplätzchen. Sie schmecken nach Kindheit und

Großmutters Küche. Als ich aufblicke, sehe ich, dass noch eine Tür übrig ist. »Also noch eine Tür?«, frage ich und sehe Frau Jumma mit einer Mischung aus Neugier und Nervosität an.

»Ja David, die letzte – und vielleicht sogar die wichtigste – wer weiß ...«, antwortet sie mit einem geheimnisvollen Lächeln. Die flackernde Kerze auf dem Tisch ist inzwischen fast niedergebrannt, als sie sie sanft auspustet.

Die Tür der Zeit

Ich stehe vor der letzten Tür, einer schimmernden, silbernen Fläche, die sich sanft zu bewegen scheint. Als ich die Hand ausstrecke, um sie zu öffnen, spüre ich ein leichtes Kribbeln in meinen Fingerspitzen. Zu meinem Erstaunen öffnet sich die Tür von selbst, ohne dass ich sie berühre. Mit einem tiefen Atemzug trete ich hindurch.

Der Raum ist anders als alles, was ich bisher erlebt habe. Er scheint keine Grenzen zu haben, kein Oben und Unten, kein Links und Rechts. Alles ist in ein sanftes, diffuses Licht getaucht. Die Zeit selbst scheint hier anders zu fließen – oder vielleicht gar nicht zu existieren.

Eine sanfte Stimme, die von überall und nirgendwo zu kommen scheint, spricht zu mir: »Willkommen im Raum der Gegenwart, David. Dieser Raum fordert dich auf, jeden Moment in seiner Fülle zu erleben, tief in das Jetzt einzutauchen und Klarheit zu gewinnen. Die Aufgabe, die sich dir hier stellt, ist einfach und zugleich schwer: Beobachte, ohne zu urteilen.«

Ein weicher Lichtschleier erfüllt den Raum und lenkt meinen Blick auf einen Tisch, der wie aus dem Nichts erscheint. Darauf steht eine dampfende Schüssel Suppe.

»Komm«, lädt mich die warme Stimme ein, »setz dich und lass dir Zeit.«

Ich gleite auf den Stuhl, umfasse den Löffel. »Lass es dir schmecken«, fährt sie fort, »aber sei dir jeder Bewegung, jedes Geschmacks, jeder Empfindung klar bewusst. Bleibe mit deiner ganzen Aufmerksamkeit bei dem, was du tust, sonst wirst du das Geheimnis nicht ergründen.«

Ich tauche den Löffel in die Suppe, deren leuchtend rote Farbe mir erst jetzt auffällt – eine Tomatensuppe, aber schon ihr Duft verrät, dass sie anders ist als jede, die ich kenne. Langsam führe ich den Löffel zum Mund und nehme die Wärme wahr, die von der Flüssigkeit ausgeht, noch bevor sie meine Lippen berührt. Der Geruch steigt mir in die Nase – würzig und einladend, mit einem Aroma, das mich an sonnengereifte Tomaten aus mediterranen Gärten erinnert. Als die Suppe meine Zunge berührt, ist es wie eine Geschmacksexplosion. Ich kann jede einzelne Nuance wahrnehmen – die Schärfe des Pfeffers, die Süße der Tomaten, ja, selbst die verschiedenen Geschmacksnoten der Gewürze.

Während ich esse, bemerke ich, wie Gedanken in mir aufsteigen. Erinnerungen an Gespräche aus der Vergangenheit, Sorgen über zukünftige Termine und die Frage, wann ich wohl aus dem Wald herausfinden werde und wie mein Leben anschließend verlaufen wird. Aber anstatt mich von diesen Gedanken mitreißen zu lassen, beobachte ich sie einfach. Ich sehe sie kommen und gehen, wie Wolken am Himmel, ohne an ihnen festzuhalten. Stattdessen richte ich meine Aufmerksamkeit immer wieder darauf, zu essen und zu genießen.

Mit jedem Löffel vertieft sich meine Wahrnehmung. Ich werde mir der Vorgänge in meinem Körper bewusster, spüre, wie die warme Flüssigkeit meine Kehle hinuntergleitet, wie sich mein Magen langsam füllt und mein ganzer Körper gewärmt wird. Ich nehme die Bewegungen meiner Hand wahr, das Gewicht des Löffels, die Textur der Tischoberfläche unter meinen Fingern.

Als ich die Mahlzeit beende, fühle ich mich erfrischt und genährt, nicht nur körperlich, sondern auch geistig. Ich habe das Gefühl, zum ersten Mal vollkommen bewusst gegessen zu haben, anstatt nur Nahrung zu mir zu nehmen.

Die Szene verändert sich, und plötzlich höre ich die Stimme meines Vaters. Mein erster Impuls ist es, wegzuhören – zu viele schmerzhafte Erinnerungen an seine Strenge, seine scheinbare Gefühlskälte. Doch dann erinnere ich mich, warum ich hier bin. An meine Aufgabe, ganz im Jetzt zu bleiben. Ich atme tief durch und öffne mich bewusst dem Gespräch, bereit, wirklich zuzuhören und präsent zu bleiben.

Zum ersten Mal erzählt mein Vater von seiner eigenen Kindheit. Seine Stimme, die ich sonst nur als hart und bestimmend kannte, hat einen anderen Klang – verletzlicher, weicher. Ich konzentriere mich nicht nur auf seine Worte, sondern nehme alles wahr: das leichte Zittern in seiner Stimme, wenn er von seinem strengen Vater spricht, die Art, wie seine Hände sich verkrampfen, die langen Pausen zwischen den Sätzen.

Mehrmals spüre ich den Drang, ihn zu unterbrechen, ihm Vorwürfe zu machen für meine eigene schwierige Kindheit. Gedanken und Gegenargumente formen sich in meinem Kopf. Doch statt ihnen nachzugeben, lenke ich meine Aufmerksamkeit sanft zurück zum achtsamen Zuhö-

ren. Ich lasse seine Worte einfach kommen, ohne sie zu bewerten oder zu kommentieren – ohne Gegenwehr.
Er erzählt von seiner eigenen Kindheit, seinem strengen Vater und der ständigen Angst, nicht zu genügen. »Ich wollte es bei dir anders machen, David«, sagt er leise, »aber ich kannte keinen anderen Weg.« Indem ich mich öffne und bewusst zuhöre, beginne ich erstmals zu verstehen. In seiner Stimme erkenne ich Bedauern und eine unausgesprochene Entschuldigung.
Als das Gespräch endet, fühle ich eine neue Art von Verbindung. Nicht Versöhnung – dafür ist es noch zu früh –, aber Verständnis. Das achtsame Zuhören hat einen Raum geöffnet, in dem beide Wahrheiten existieren können: mein Schmerz über seine Strenge und seine aufrichtige, wenn auch unvollkommene Liebe.
Die Szene wechselt erneut, und ich finde mich auf einem schmalen, geschotterten Waldpfad wieder. Die Stimme, die mich in diesem Raum willkommen geheißen hat, flüstert: »Geh, aber sei dir jedes Schrittes bewusst.«
Ich beginne zu gehen, langsam und bedächtig. Ich spüre, wie meine Fußsohlen den Boden berühren, wie sich mein Gewicht von einem Fuß auf den anderen verlagert. Ich nehme die Bewegungen meiner Muskeln wahr, das leichte Schwingen meiner Arme.
Meine Sinne scheinen geschärft zu sein. Ich höre das Rascheln der Blätter im Wind, das ferne Rufen eines Vogels. Ich rieche den erdigen Duft des Waldbodens, die frische Luft nach einem Regenschauer. Die Farben um mich herum scheinen intensiver zu sein – das satte Grün der Blätter, das warme Braun der Baumrinde.

Während ich gehe, bemerke ich, wie Gedanken und Gefühle in mir aufsteigen. Sorgen über die Zukunft, Grübeleien über die Vergangenheit. Aber anstatt mich in ihnen zu verlieren, beobachte ich sie einfach. Ich sehe sie als das, was sie sind – mentale Ereignisse, die kommen und gehen. Ich lasse sie vorbeiziehen, ohne sie festzuhalten oder zu verdrängen.

Mit jedem Schritt fühle ich mich mehr im Hier und Jetzt verankert. Ich bin nicht mehr in Gedanken verloren, sondern voll und ganz präsent in diesem Moment, in dieser Erfahrung des Gehens.

Die Szenen wechseln immer schneller, und ich durchlebe verschiedene alltägliche Situationen – das Zähneputzen, das Ankleiden, das Warten an einer Bushaltestelle. Bei jeder Aktivität übe ich mich darin, vollkommen gegenwärtig zu sein, jeden Aspekt der Erfahrung wahrzunehmen, ohne zu urteilen oder mich von meinen Gedanken entführen zu lassen.

Mit der Zeit wird es immer leichter, diesen achtsamen Zustand aufrechtzuerhalten. Die Welt um mich herum scheint dadurch lebendiger, intensiver zu werden. Gleichzeitig habe ich das Gefühl, endlich ganz bei mir selbst angekommen zu sein.

Schließlich finde ich mich auf einer riesigen Wiese wieder, die sich bis zum Horizont erstreckt. Die Stimme spricht ein letztes Mal: »Sitze einfach. Sei einfach da, David. Höre auf, etwas tun oder ändern zu wollen. Lass alles los und vertraue dem Sein.«

Ich setze mich in eine bequeme Position und schließe die Augen. Ich spüre meinen Atem, spüre, wie er langsam ein- und ausströmt. Ich nehme die Empfindungen in meinem Körper wahr, das Gewicht meines Körpers auf dem Boden, die Berührung der Luft auf meiner Haut.

Gedanken kommen und gehen, aber ich beobachte sie nur, ohne mich in ihnen zu verfangen. Gefühle steigen auf – Freude, Traurigkeit, Unsicherheit – aber ich halte sie nicht fest.

Mit der Zeit breitet sich ein Gefühl tiefen Friedens in mir aus. Die Grenzen zwischen mir und meiner Umgebung scheinen zu verschwimmen. Ich fühle mich verbunden mit allem, was ist, erlebe eine tiefe Klarheit. Der gegenwärtige Moment ist alles, was ich wirklich habe – alles, was ich wirklich brauche. Die Erkenntnis wärmt mich wie ein warmer Sonnenstrahl, der durch die Wolken bricht. Die Vergangenheit ist eine verblassende Erinnerung, die Zukunft eine ungewisse Vorstellung. Nur das Hier und Jetzt ist real, ist lebendig.

Als ich meine Augen öffne, fühle ich mich erneuert und zentriert. Die Welt um mich herum erscheint mir frischer, lebendiger. Ich spüre eine tiefe Dankbarkeit für diese Erfahrung, für jeden Atemzug, für jeden noch so kleinen Moment meines Lebens.

Die silberne Tür erscheint wieder vor mir. Als ich hindurchtrete, zurück in Frau Jummas Hütte, trage ich das Geschenk der Achtsamkeit mit mir. Ich habe etwas Wichtiges verstanden. Es ist nicht nötig, dauernd unter Strom zu stehen. Es ist nicht hilfreich, ständig zu planen und alles im Griff haben zu wollen. Ich erkenne, dass die Fähigkeit, im Hier und Jetzt zu sein, der Schlüssel zu einem erfüllteren, friedvolleren Leben ist.

Abschied

Mit diesem neu gewonnenen Gefühl innerer Ruhe sitze ich Frau Jumma gegenüber und lächle. Doch als ich aufblicke, stockt mir der Atem. Frau Jumma sieht anders aus. Statt ihrer silbernen Haare umrahmen nun dunkelbraune Locken ihr Gesicht. Sie wirkt viele Jahre jünger. Ich blinzele verwirrt, und plötzlich sitzt wieder die weise alte Frau vor mir, die ich kenne.

»Frau Jumma?«, frage ich zögernd. »Sind Sie das?«

Sie lächelt geheimnisvoll. »Wer, denkst du, bin ich?«

Ich schüttle den Kopf, unsicher, was ich sagen soll. Als ich wieder hinsehe, hat sie sich erneut verändert. Nun sieht sie aus wie ein Teenager.

»Ich ... ich verstehe nicht«, stammele ich. »Sie verändern sich ständig.«

»Wirklich? Tue ich das?«, fragt sie mit der Stimme eines Kindes. Und ich kann es nicht glauben, als mir plötzlich ein kleines Mädchen in dem großen Sessel gegenübersitzt und ihre Füße in der Luft baumeln lässt.

Ich schließe die Augen, atme tief durch und versuche, mich wieder zu fangen. Ich muss an all die Lektionen der Achtsamkeit denken, und als ich die Augen schließlich wieder öffne, sehe ich Frau Jumma in all ihren Erscheinungsformen gleichzeitig – alt und jung, Kind und Erwachsene. Es ist verwirrend und faszinierend zugleich.

»Was hat das alles zu bedeuten?«, frage ich schließlich verwirrt.

»Was denkst du, was es bedeutet?«, erwidert sie sanft.

Ich denke einen Moment nach. »Vielleicht ... vielleicht sind Sie all diese Personen gleichzeitig? Vielleicht sind wir alle mehr als nur eine Version von uns selbst.«

Frau Jumma nickt anerkennend. »Ganz genau, David.«

Ich berichte von dem Raum, in dem die Zeit stillzustehen schien, erzähle von der tiefen Ruhe und Klarheit, die ich selbst in alltäglichen Handlungen gefunden habe.

»Es war, als hätte ich zum ersten Mal wirklich gelebt«, sage ich. »Jeder Moment war so reich, so intensiv. Ich habe verstanden, dass das Hier und Jetzt alles ist, worum es wirklich geht.«

Frau Jumma lächelt und nickt mir verständnisvoll zu. Plötzlich fällt mir auf, dass die Türen verschwunden sind – bis auf die eine, durch die ich in ihre Hütte gekommen bin.

»Frau Jumma«, frage ich zögernd, »warten noch weitere Türen auf mich?«

Sie lächelt geheimnisvoll. »Hier ist nur eine Tür, David.«

Ich runzele die Stirn. »Aber ist das nicht die Tür, durch die ich gekommen bin? Sie führt nirgendwohin!«

»O nein – ganz im Gegenteil«, sagt sie und ihr Blick ruht fest auf mir. »Diese Tür führt überallhin.«

Ich starre die Tür an, versuche zu verstehen, was Frau Jumma meint. Langsam beginnt es mir zu dämmern. Die Tür ist nicht nur ein Durchgang zu einem anderen Ort – sie ist ein Symbol für die Möglichkeiten, die in jedem Moment auf uns warten. Jeder Augenblick ist eine Tür, die uns überallhin führen kann, wenn wir offen und mit unserem Herzen verbunden sind.

»Ich beginne zu verstehen«, sage ich leise.

Frau Jumma nickt, ihr Gesicht ein Kaleidoskop aus allen Altersgruppen. »Leb wohl, David. Es ist nun Zeit für dich, nach Hause zu gehen«, sagt sie sanft.

In diesem Moment ist alles, was ich gelernt habe, völlig präsent. Ich frage nicht nach einem Weg oder nach der Tankstelle. Ich weiß, dass alles gut wird. Das Vertrauen, das ich auf meiner Reise gewonnen habe, ist durch nichts mehr zu erschüttern.

Mit Tränen in den Augen stehe ich auf. Meine Beine zittern leicht, als würde mein Körper die Bedeutsamkeit dieses Moments spüren. Ich gehe auf Frau Jumma zu, die nun wieder als weise alte Frau vor mir steht.

»Danke«, flüstere ich, und meine Stimme zittert ein wenig. »Für alles.«

Ich umarme sie, und sie fühlt sich gleichzeitig zerbrechlich wie ein Kind und doch unendlich stark an. In dieser Umarmung liegt mehr als nur Dankbarkeit – es ist eine tiefe Verbundenheit, ein Gefühl von Heimkehr zu etwas, das ich lange vergessen hatte.

Als ich mich löse, lächelt sie mich an – ein Lächeln, das alle Altersstufen umfasst, das Lächeln der alten, weisen Frau, das Lächeln der erfahrenen Erwachsenen, das Lächeln der jungen Frau und das Lächeln des Kindes. Es ist ein Lächeln voller Wärme, Weisheit und unendlicher Liebe.

»Alles, was du brauchst, trägst du längst in dir, David«, sagt sie sanft. »Vertrau darauf.«

Ich nicke, unfähig zu sprechen. Mein Herz ist voller Dankbarkeit und voll der bittersüßen Traurigkeit des Abschieds.

Ankunft

Mit einem letzten, langen Blick wende ich mich zur Tür. Meine Hand zittert leicht, als ich den Türgriff berühre. Ich atme tief durch. Ich bin nicht mehr der Mann, der hier ankam. Ich habe mich verändert und erneuert – bin gewachsen und erwacht.
Als ich die Tür öffne, sehe ich einen Pfad, der von der Tür wegführt. Ohne zu zögern, trete ich hindurch.
Ich gehe in völliger Präsenz, nehme jeden Schritt, jeden Atemzug bewusst wahr. Jeder Moment ist kostbar, von einer Intensität, die ich nie zuvor erlebt habe. Ich fühle mich verbunden mit allem – den Bäumen, dem Boden unter meinen Füßen, der Luft, die meine Lungen füllt.
Nach kurzer Zeit verändert sich der Wald. Mein Herz beginnt schneller zu schlagen, als ich den Rand einer vertrauten Lichtung erreiche. Dort, am Straßenrand, sehe ich meinen Porsche stehen, genau dort, wo ich ihn geparkt habe. Irgendwie erheitert mich der Anblick.

Mit einem breiten Lächeln und Augen, die vor Freude und Staunen strahlen, betrete ich die Lichtung. Die Sonne scheint warm auf mein Gesicht, und ich bin vollkommen im Einklang mit mir selbst und der Welt um mich herum.

Ich bin angekommen – nicht nur hier, nicht nur jetzt, sondern bei mir selbst.

ZU DEN AUTOREN

Aljoscha Long wurde 1961 in Bonn geboren, studierte in Toronto und München und schloss allerlei Studien ab, unter anderem Psychologie, Linguistik, Philosophie, Anglistik und Musikpädagogik, und wurde Lehrer mehrerer Kampfkunstarten. Seit 1989 lebt er als freier Schriftsteller, Komponist und Dozent in München und Nanning (China).

Ronald Schweppe wurde 1962 in Lausanne geboren. Er studierte Musik am Richard-Strauss-Konservatorium in München und spielte in verschiedenen Orchestern Kontrabass. Er ist Gründungs- und Ensemblemitglied der Kammeroper München und lebt heute als freier Schriftsteller, Musiker und Meditationslehrer mit seiner Familie in München.

Weitere Bücher der Autoren:

- Gelassenheit für Anfänger | GU
- Loslassen: Mein Übungsbuch | GU
- Der Panda und das Geheimnis der Gelassenheit | HEYNE
- Affen im Kopf | mvg Verlag

Besuche Long und Schweppe auf:

DIE BÜCHERMENSCHEN HINTER DEM PROJEKT

Verlagsleitung: Eva Dotterweich
Projektleitung: Johanna Müller, Anja Schmidt
Lektorat: Karla Seedorf
Bildredaktion: Simone Hoffmann
Cover und Layout: ki 36 Editorial Design München, Anika Neudert
Bildredaktion: Simone Hoffmann
Autorenfoto: Fei Long
Bildnachweis: Shutterstock: S. 2, 5;
Satz: Uhl + Massopust, Aalen
Herstellung: Renate Hutt
Reproduktion: Medienprinzen GmbH, München
Druck & Bindung: DZS Grafik, Slowenien

Grillparzerstraße 12, 81675 München

www.gu.de/kontakt | hallo@gu.de

GU ist eine eingetragene Marke der GRÄFE UND UNZER VERLAG GmbH

1. Auflage 2025, ISBN: 978-3-8338-9587-6

WICHTIGER HINWEIS

Die Gedanken, Methoden und Anregungen in diesem Buch stellen die Meinung bzw. Erfahrung des Verfassers dar. Sie wurden vom Autor nach bestem Wissen erstellt und mit größtmöglicher Sorgfalt geprüft. Sie bieten jedoch keinen Ersatz für persönlichen kompetenten medizinischen Rat. Jede Leserin, jeder Leser ist für das eigene Tun und Lassen auch weiterhin selbstverantwortlich. Weder Autoren noch Verlag können für eventuelle Nachteile oder Schäden, die aus den im Buch gegebenen praktischen Hinweisen resultieren, eine Haftung übernehmen.

LIEBE LESERIN, LIEBER LESER,

wie wunderbar, dass du dich für ein Buch von GU entschieden hast! In unserem Verlag dreht sich alles darum, dir mit gutem Rat dein Leben schöner, erfüllter und einfacher zu machen. Unsere Autorinnen und Autoren sind echte Expertinnen und Experten auf ihren Gebieten, die ihr Wissen mit viel Leidenschaft mit dir teilen. Und unsere erfahrenen Redakteurinnen und Redakteure stecken viel Liebe und Sorgfalt in jedes Buch, um dir ein Leseerlebnis zu bieten, das wirklich besonders ist. Qualität steht bei uns schon seit jeher an erster Stelle – jedes Buch ist von Büchermenschen für Buchbegeisterte gemacht, mit dem Ziel, dein neues Lieblingsbuch zu werden.

Deine Meinung ist uns wichtig, und wir freuen uns sehr über dein Feedback und deine Empfehlungen – sei es im Freundeskreis oder online.

Viel Spaß beim Lesen und Entdecken!

PS: Hier noch mehr GU-Bücher entdecken: www.gu.de

WERDE TEIL DER GU-COMMUNITY!

Du und deine Familie, dein Haustier, dein Garten oder einfach richtig gutes Essen. Egal, wo du im Leben stehst: Als Teil unserer Community entdeckst du die neuesten GU-Bücher als erstes, du genießt exklusive Leseproben und wirst mit wertvollen Impulsen und kreativen Ideen bereichert.

Worauf wartest du? Sei dabei!

www.gu.de/gu-community

WARUM UNS DAS BUCH BEGEISTERT

»Das Buch zeigt, dass es im Leben wirklich nie zu spät ist, noch mal den Reset-Button zu drücken und ganz von vorne anzufangen. Los geht's!«

Eva Dotterweich, Verlagsleitung